于铸梁 主编

实美存录

续编

苏州大学出版社

图书在版编目(CIP)数据

实美存录续编 / 于铸梁主编. — 苏州：苏州大学出版社，2018.7
ISBN 978-7-5672-2539-8

Ⅰ.①实… Ⅱ.①于… Ⅲ.①历史人物—生平事迹—无锡 Ⅳ.①K820.853.3

中国版本图书馆 CIP 数据核字(2018)第 170937 号

实美存录续编

主　　编：	于铸梁
责任编辑：	倪浩文

出版发行：	苏州大学出版社
社　　址：	苏州市十梓街 1 号
网　　址：	http://www.sudapress.com
印　　刷：	江阴金马印刷有限公司
开　　本：	889mm × 1194mm　1/16
字　　数：	337 千
印　　张：	13
插　　页：	2
版　　次：	2018 年 7 月第 1 版
印　　次：	2018 年 7 月第 1 次印刷
书　　号：	ISBN 978-7-5672-2539-8
定　　价：	85.00 元

苏州大学版图书若有印装错误，本社负责调换
苏州大学出版社营销部　电话：0512-65225020

(左起)于蒙伟、于铸梁、于伟峰 2018 年 6 月 3 日合影于无锡　　于新海摄

(右起)于铸梁、倪浩文 2018 年 7 月 19 日合影于苏州　于建瓴摄

序

倪浩文

无锡的崇贤绍祖之风，是有着悠久的历史的，而惠山古祠堂群更是其中的代表。在约一平方千米的范围内，至今仍保存着自唐代至民国时期的一百十八处祠堂建筑及一些明确的祠堂遗址。这些祠堂或遗址以著名的惠山古寺和天下第二泉为核心，向外密集辐射，与周围的江南山水组合成完美的古代祠堂群落形态，共分有神祠、先贤祠、墓祠、寺院祠、贞节祠、宗祠、专祠、书院祠、园林祠、行会祠十大类，涉及七十多个姓氏，主祀、配祀人物的数量之多、建筑密度之大、祠堂类型之齐全，为国内外所希觏。

去年出版的《实美存录》，取"实美而不溢美"之意，收录介绍了数百位无锡的名人，文句精当，可补《无锡名人辞典》《无锡历史名人传》等书之缺，问世后广受好评。这次出版的《实美存录续编》继续了之前一册的编撰风格，重点收录了《实美存录》未收录的、在惠山祠堂群内奉祀的历代名人，按同姓相类、兼顾笔画等的顺序排列，不拘篇幅，可读性强。同时，相比前册，本书还收录了在惠山奉祀或同宗的一些苏州、常州的名人，这些名人虽然不一定生于无锡，但是他们或在无锡被立起塑像，或在无锡被记入谱牒，他们同样被历代无锡人民所铭记。也许无锡专业的辞典中因为籍贯、体例等原因，将他们排除在外，然而，他们同样是无锡文化长河中的一粒粒浪珠，记录他们，也是在记录无锡。

此外，本书主编于铸梁先生还邀请龚东明先生以准连环画的形式，生动介绍了惠山古镇的祠堂和附近其他知名景点，此举也让这本资料性较强的读物兼具了实地导游的功能。读者按此线路行进，遇到名人，又可在《实美存录》和本书下编中找到人物的生平，这样的读行体验，比及走马观花式的打卡游，显然是属于更走心也更负责任的旅行。

于铸梁先生，初识者莫不对他长髯银须、仙风道骨的形象记忆深刻，待到熟悉之后，乃知这位年长力强、破衲疏羹的无锡知名文史学者著述原来如此丰夥，涉及领域原来如此广阔。从本土的文化遗存研究，到旧时影像收集，从人物轶事访谈，到民间故事整理，他靡不有专著问世，足可见这位无锡土著对家乡的殷殷情怀。这本历时多年成书的《实美存录续编》就是于铸梁先生耄耋之年回馈无锡的又一成果。如今，文化深厚的惠山古镇祠堂群正拟申报世界文化遗产。在配合申遗而拍摄的纪录片《惠山祠堂群》中，于先生饰演了一位阔别家乡多年的惠山老人。镜头里的老人，面对老窗透过的光缕，沉思良久，这既是故事里暮年游子的生活，更是现实中于先生的心事：关于惠山祀主，关于无锡彦杰，《实美存录》正续编中没有提到的还有很多。作为本书的第一位读者，我由衷希望能看到《实美存录》三编、四编的问梓，这是对一种遗产的记录，它们也注定将成为无锡的另一种遗产。

是为序。

2018.6.10

目 录

上卷：画说惠山古镇 ……………………………… 龚东明画 于铸梁文（1）

欢迎来惠山古镇旅游 ……………………………………………………………（3）
进入锡惠公园景点 ………………………………………………………………（5）
天街漫步 …………………………………………………………………………（7）
梦神殿的故事 ……………………………………………………………………（9）
参观龙光寺 ………………………………………………………………………（11）
龙光寺吃茶话绝对 ………………………………………………………………（13）
石浪庵前观太湖 …………………………………………………………………（15）
龙光洞探幽 ………………………………………………………………………（17）
先民遗址祭天地 …………………………………………………………………（19）
映山湖划船 ………………………………………………………………………（21）
三让天下称至德 …………………………………………………………………（23）
石公坠履有神话 …………………………………………………………………（25）
碧山觞咏志 ………………………………………………………………………（27）
观瀑黄公涧 ………………………………………………………………………（29）
终身不改父之道 …………………………………………………………………（31）
过氏宗祠出棋宗 …………………………………………………………………（33）
名人辈出钱王祠 …………………………………………………………………（35）
国保文物石经幢 …………………………………………………………………（37）
千年古刹惠山寺 …………………………………………………………………（39）
敢于直谏邹忠公 …………………………………………………………………（41）
千古流芳忠定公 …………………………………………………………………（43）
日月池上香花桥 …………………………………………………………………（45）
雄心不已说愚公 …………………………………………………………………（47）

I

凤谷行窝寄畅园 ·· (49)

懋德堂千年古桥 ·· (51)

御碑亭前讲康乾南巡故事 ·· (53)

古银杏奇事 ·· (55)

听松石床松何在 ·· (57)

不二法门阎罗宝殿 ··· (59)

不二法门西竺留痕 ··· (61)

何谓"隔红尘" ·· (63)

朱衣阁和科考官 ·· (65)

三春雨和两岸秋 ·· (67)

衲子拜茶仙 ·· (69)

茶品天下试二泉 ·· (71)

二泉观鱼 ·· (73)

尤袤藏书万卷楼 ·· (75)

开始登山 ·· (77)

半岭松风半山亭 ·· (79)

头茅峰上老君庙和仙人脚印 ·· (81)

二茅峰上远眺 ·· (83)

山阿相与邻 ·· (85)

八仙过海拔船湾 ·· (87)

东坡诗碑 ·· (89)

水光翻动五湖天 ·· (91)

石门胜景天造地设 ··· (93)

古镇广场观杂耍 ·· (95)

五里香塍留影 ·· (97)

古戏台观演出 ·· (99)

游山货公所 ·· (101)

品尝惠山豆腐花 ··· (103)

参观惠山书局 ·· (105)

热闹的惠山直街 ··· (107)

人伦正始 ·· (109)

前后孝子共四位 ··· (111)

医国圣手 ·· (113)

著书不仕宋大儒 ··· (115)

下河塘品茗 ·· (117)

畅游龙头河		(119)
告别黄埠墩		(121)

下卷：钟灵毓秀 ……… 于铸梁编 (123)

清风廉政于栋如	于 欢	(125)
传奇人物于敏中	曹春保	(127)
清末举人张兰阶忆于松贤	张兰阶	(129)
计六奇艰苦著书	尤 伟	(131)
伍员兴邦 夫差亡国	尤 伟	(135)
华燧印刷天下知	尤 伟	(139)
富可敌国的安国	尤 伟	(141)
蘅塘退士孙洙	尤 伟	(143)
附录：《唐诗三百首》中也有错	于铸梁	(145)
吟风阁主杨潮观	尤 伟	(147)
明末正直无私御史李应升	李煜章	(149)
民族英雄吴炳	于铸梁	(153)
余治无意功名醉心创作	尤 伟	(155)
戏曲作家邹式金	尤 伟	(157)
红颜薄命陈圆圆	于铸梁	(159)
季札高风	尤 伟	(161)
泰伯开基	尤 伟	(163)
东林党人顾宪成	尤 伟	(165)
顾祖禹矢志写方舆	尤 伟	(167)
东林山长顾光旭	尤 伟	(171)
多才多艺的钱泳	尤 伟	(173)
画坛巨匠倪瓒	尤 伟	(175)
一代国学大师唐文治	尤 伟	(177)
萧统：一位博通众学的文人	于铸梁	(181)
剧作家嵇永仁	尤 伟	(183)
治水大家嵇曾筠、嵇璜父子	尤 伟	(185)
老报人裘廷梁	尤 伟	(187)
第一女报人裘毓芳	尤 伟	(191)
阖闾拓疆	尤 伟	(193)
妙手回春薛福辰	于铸梁	(197)
匡世奇才薛福成	尤 伟	(199)

上卷

画说惠山古镇

龚东明 画
于铸梁 文

欢迎来惠山古镇旅游

欢迎来惠山古镇旅游

　　湖南常德市有家拓荒书屋，主人陈德余祖籍江苏金匮县安镇，从金匮迁到常德已有四代。陈先生已过不惑之年，膝下一子一女，男孩陈嘉亮已有工作，但还未成家，女孩陈嘉萍刚好高考结束。孩子们素知父母有返故地重游之意，便提出要到无锡一游，陈先生夫妇欣然同意，于是一家四口便来到了无锡。

　　无锡老人依颂子今年已届耄耋之年，祖籍也是安镇，和陈家是世交。得知陈家要到无锡旅游，欣喜万分。这天早早来到火车站，热情接待来访的远客，提出一同游览锡惠胜景。

进入锡惠公园景点

进入锡惠公园景点

他们驱车来到惠山古镇。依颂子介绍说:"无锡,历史悠久,自然风光得天独厚。滚滚长江,浩淼太湖,潋滟运河,锡惠山脉,使无锡山水面积超过总面积的三分之一,是名副其实的一座江南水乡城市。锡惠公园既是大众化的一座园林,又是极富古迹的一座园林,形成一个供人玩赏的锡惠名胜区。它有三个大门:锡山门、青山门和秀嶂门。锡山门是正门,我们就从锡山门入园登上锡山顶。"

天街漫步

天街漫步

　　进入锡惠公园,依颂子指着眼前的山路说:"这里是环山道,主要有两条:一条是水泥路,沿山脚及映山湖东岸行进,为游园路,也就是我们现在所处的环山道;另一条是山腰土路,在林中行进,古时叫'天街'。我们先去梦神殿看看。"

梦神殿的故事

梦神殿的故事

果然,走过去不远就到梦神殿。依颂子说:"这里原有紫竹禅院、顺清阁、慈云精舍(原名锡麓庵,又名三官殿)、仲云庵(又名梦神殿、原为于忠肃公祠)、西方殿(原名三茅殿)等遗迹,现仅存梦神殿遗址。梦神殿原为于忠肃公祠,列为惠山祠堂群之一,今于氏族人准备出资修复。"

于谦在英宗被俘的危急关头,毅然拥立代宗,并亲身抗敌,击败瓦剌,捍卫了江山,迎回了英宗,但最终却是以"谋逆罪"被冤杀。

这座于忠肃公祠被称作"梦神殿",属于神祠。惠山有许多神祠,祠主生前都有功于国,有德于民,所以死后不是被朝廷封为神就是被百姓神化为神。于谦一生信梦,才被封为梦神,于忠肃公祠也就被称作"梦神殿"。

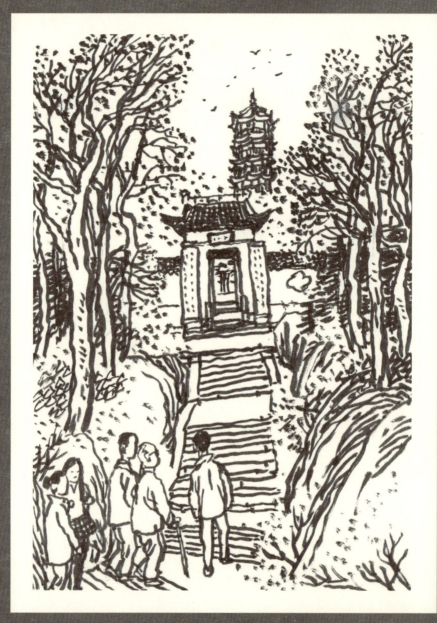

参观龙光寺

参观龙光寺

依颂子说:"我们先去龙光寺,寺后龙光塔是无锡的地标。"

大家望着龙光塔,走进了龙光寺。依颂子指着空空如也的寺院说:"龙光塔旁为龙光寺,原来香火旺盛,后佛像被毁,僧人被赶出。第三幢佛殿如今翻建成楼房并改为茶室,悬匾'湖山迎爽'。游人在此喝茶赏景,非常惬意。"

龙光寺吃茶话绝对

龙光寺吃茶话绝对

大家在寺里的露天茶室入座喝茶聊天，环视锡山四周，惠山古镇、运河新貌、锡山、蓉湖等大桥以及城市高楼、鱼池农田、湖光山色，尽收眼底。

"我听说无锡有个绝对，上联是'无锡锡山山无锡'，始终没有人能对出下联来。"陈德余兴致勃勃地说道。

"谁说没有下联？明朝大才子文徵明就对出了下联：'平湖湖水水平湖。'"依颂子微笑着接过陈德余的话头回答说。

陈嘉亮有些沉不住气，接着依颂子的话说道："工整倒是工整，不过觉得不太对劲。我来凑个下联：'常德德山山有德。''常德'对'无锡'，比'平湖'贴切，'平湖'是太湖吗？'德山'对'锡山'，'山无锡'我对'山有德'，'无'对'有'更有新意。"停顿了一下，陈嘉亮补充说："锡山上有龙光寺、龙光塔，德山上有乾明寺，虽无塔却有仿木建筑铁经幢，结构二十层，八、十一两层出檐，八面挑角……"不等说完，陈嘉萍拍着手欢呼道："哥哥才赶文徵明，令人钦佩。"大家又说笑了一会，便向寺旁的石浪庵走去。

石浪庵前观太湖

石浪庵前观太湖

依颂子说:"晚清窦俊三有一副楹联:'五湖风光,七层塔影;几排石浪,半岭松声。'点出了石浪庵清幽宜人的环境。"

庵建于明万历年间,有房屋二十间。庵左竖立着一排砂岩,层层叠叠,犹如浪涌,故取名石浪庵。来到石浪庵前,大家看到石浪庵已很破败。站在庵前观太湖,倒是个不错的视角。清刘继增的《竹枝词》:"乘兴登高不用扶,半空铃语在浮屠。锡山更比龙山近,石浪庵前望太湖。"

龙光洞探幽

龙光洞探幽

他们沿着山路来到龙光洞，依颂子解释说："龙光洞凿在山腹，如果有锡，早就开出来了。事实上，锡山汉以后才没有锡，所以'无锡'的地名和'锡山无锡'虽有联系但不大。我倒觉得，无锡古称'吴墟'演变成'无锡'倒有可能。"停顿了一下，依颂子高声吟道："原有洞，后开凿；南北道，工字通。"说着说着大家已来到洞口。

众人抬头一望，洞门上方刻有"隐辰"两字，依颂子说道："'辰'属龙，意谓龙隐藏于洞内。此洞开凿于1974年，1979年春洞成并向游人开放。"大家进入洞内，洞为巷道式，主巷道长360米许，巷道之间辟有13个展室，还有一个可容五六百人的剧场。洞内温度约18℃，非常舒适。依颂子说："无锡四季分明，所以夏天是比较热的，冬天人体感觉也比较冷，无锡人常在酷暑严寒期间到洞内避暑躲寒，感觉如入另一个世界。"

先民遗址祭天地

先民遗址祭天地

依颂子介绍说："来到这里，有一景叫'先民遗址'不能不瞻仰。"

众人问："在哪里？远不远？"

依颂子说："不远，就在施墩上，随我来。"大家跟着依颂子，来到一座刻有良渚文化图腾的石碑前，依颂子说："这一带就是新石器晚期无锡先民集居的古村落遗址。"

依颂子介绍说："1955年发现了先民遗址，有石刀、石斧、石锛、石箭、石纺轮，还有大量的陶器、陶片，属良渚文化。在靠近施墩的仙蠡墩，亦发现新石器后期遗址，出土了碳化的稻壳和烧过的稻壳，时代比施墩遗址还要早一些。"

映山湖划船

映山湖划船

先民遗址旁有一个湖，陈嘉萍最关心的就是赶快登船划桨游湖。陈太太对依颂子说道："请您老说说这湖的故事吧！"

依颂子高兴地答应说："好呀！1958年政府动员全市干部、工人、居民参加挖湖义务劳动。原先这里是惠山头茅峰的秦皇坞洼地，杂草丛生，根本无人问津。后来挖成了大湖，四周石砌湖岸，弯弯曲曲，有人统计，围湖走一圈共计1200步，比环绕天街一圈要少800步。湖中有小岛，别有一番情趣。又增添了游船，自此游人如织。"

"为什么取名'映山湖'呢？"陈太太问。"这个湖夹在锡惠之间，它把锡山和惠山倒映入湖，所以取了这么个名。但还有一个原因，金匮县县衙东面有一条映山河，古时大都是平屋，建楼也就只两层吧，所以在东门望惠山九峰毫无阻碍，这条河中常映出惠山九峰峰影，所以叫映山河。后来河填没了，空剩下一个'映山河'的地名，而这里倒成了真正的'映山河（湖）'了。"

三让天下称至德

三让天下称至德

离舟登岸,来到秀嶂门内的至德祠。依颂子说:"这里原为愚公谷中之锡山书院,后改为吴氏祠堂。"进大殿,依颂子又说:"主祀泰伯,配祀仲雍、季札。孔子认为泰伯三让天下,'可谓至德矣'!所以建至德祠,又称泰伯殿。"

众人浏览殿中《梅里纪事》巨幅漆画,无不为泰伯的高风亮节赞叹。

石公坠履有神话

石公坠履有神话

出至德祠，又来到一处所在，依颂子介绍道："这个山馆原来是胡文昭公祠，也叫胡园。清顺治年间，胡氏后裔购得愚公谷的南部，建成胡文昭公祠。后来改建成为山馆时，因面对映山湖，便改名为滨湖山馆。"大厅内有祀主胡瑗塑像，并有藏书室。园内假山上，有"石公坠履处"石梁映入眼帘。陈嘉萍问依颂子："老爷爷，这有什么故事吗？"

依颂子说："有啊！古代这里住着一个信奉道教的石公，他在临终时嘱咐家人：'我死后七七四十九天你们把棺材打开！'家人都不知道是什么意思，只好等呀等，好不容易等到第四十九天，就急忙把棺材打开，只见飞出一只鹤，脚上还穿着鞋子，绕屋三匝，向惠山方向飞去。在飞离后院假山时，一只鞋子落在假山上，便有了'石公坠履'的故事。"众人听后玩味无穷，觉得的确稀奇。

碧山觞咏志

碧山觞咏志

一贯人又绕到滨湖山馆后的碧山吟社,这里是垂红廊的终点处,也是无锡文人雅士吟诗咏词的最佳处所。碧山吟社有两个院门,东院门面向胡园,门楣上嵌有明代文徵明的隶书"碧山吟社"金色砖刻,南院门前是春申涧。整个建筑群后倚惠山九峰,旁有黄公涧,环境十分幽静。

依颂子介绍说:"碧山吟社的创始人为明代秦旭,字景旸,号修敬,著作有《修敬先生集》。他与邑中耆旧十老为诗会,名为'碧山吟社'。这十老人人都是衣冠俊伟,他们的诗卷画册传流海内。每月择良日集会吊今怀古,觞咏其中,锡城传为佳话。"

观瀑黄公涧

观瀑黄公涧

碧山吟社在黄公涧附近，侂颂子说："黄公涧是春申君黄歇的饮马处，故又名春申涧。黄歇是楚国贵族，封为春申君，是战国四公子（孟尝君、平原君、春申君、信陵君）之一。顷襄王时，任左徒，出使秦国，上书昭王，说秦退兵。又曾护太子完去秦国当人质十年。顷襄王病重，设巧计偕太子完逃归。顷襄王卒，拥立太子为楚考烈王。黄歇任令尹（相当于相国），封地淮北十二县。考烈王十五年（前248），改封江东，以'吴墟'为都邑。每当黄梅季节暴雨时，大量雨水从山顶奔腾而下，形成飞瀑，是无锡人观瀑的最佳处，所以无锡人常说：'到黄公涧去游大水。'"

终身不改父之道

终身不改父之道

临出园前，依颂子说："再到华孝子祠参观一下，今天就休息了。"众人同意。

华孝子祠前有一座牌坊，名"四面坊"，也叫"四照坊"，表彰华氏家族"忠孝节义"的传统精神。依颂子指着华孝子祠大门介绍道："华孝子祠是无锡立祠最早、现存建筑最早的祠堂，也是建筑规格、艺术价值最高的祠堂。祀东晋孝子华宝，占地面积2200平方米，主要景点有四面牌坊、祠门坊和竹叶玛瑙盘陀石、永锡堂、承泽池和溯源桥、鼋池、孝祖享堂、真赏斋帖刻石、成志楼、祠丁房、华祠碑廊、华祠残碑墙等。"依颂子怀着崇敬的心情向大家介绍："其父华豪戍守长安，临行前嘱八岁儿华宝：'须还，我为汝冠。'后父殁于战乱中，华宝终身不冠不娶。华宝去世后，住宅改为祠堂。"

过氏宗祠出棋宗

过氏宗祠出棋宗

按计划，今天游锡惠园林文物名胜景点，先到过郡马祠参观。祠在惠山寺前，祠内主祀宋人过孟玉，祔祀过廷栋。依颂子说："过孟玉祖籍山西高平，娶逍遥郡主，故封为徐王郡马。因爱惠山之美，遂葬马鞍坞下。今过氏文化研究会就设在祠内。过氏有棋王过百龄，他在明末清初属于围棋国手，号称'一代棋宗'。八岁时挑战其父，十五六岁时即扬名京都。《无锡县志》称'天下之弈者，以无锡过百龄为宗'，实不为过誉。"

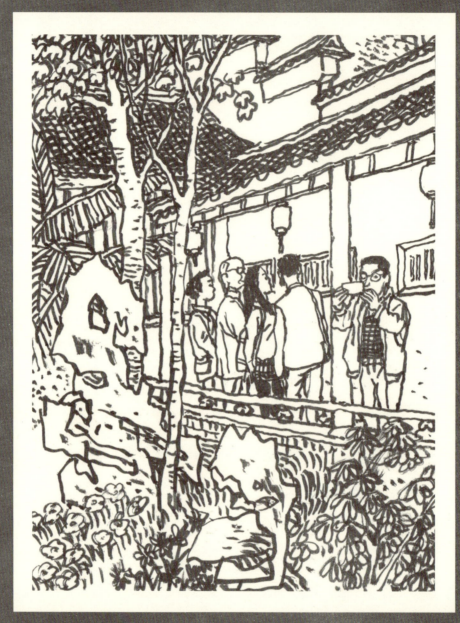

名人辈出钱王祠

名人辈出钱王祠

出过郡马祠，对面即是钱王祠。依颂子说："钱王祠又名钱武肃王祠，祀主钱镠，梁太祖在天祐四年（906）封他为吴越王。他曾治理过钱塘和太湖水利。卒后谥号为'武肃'。主祠在杭州，无锡的钱王祠建于雍正七年（1729）至乾隆四年（1739）间，但在1925年毁于大火，1928年由钱锺书祖父钱福炯修复。"

陈德余说："钱氏也是名人辈出，钱穆、钱锺书等是当代大儒，钱三强、钱伟长等是物理学家，钱孙卿是无锡工商实业家，这些人物作为无锡人的我很早就知道。钱三强先生有句名言'我姓钱，但不爱钱'，真是高风亮节。"

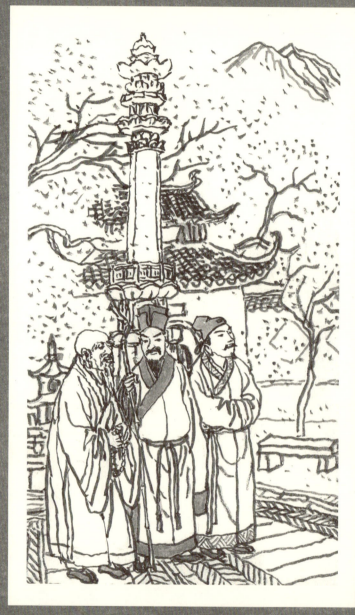

国保文物石经幢

国保文物石经幢

出钱王祠大门，依颂子说："在参观惠山寺的名胜古迹、祠堂以前，让我们先观瞻一下国保级的文物古石经幢。"

依颂子领着大伙来到唐宋石经幢介绍说："这两座石经幢，南边一座建于唐乾符年间，高6.26米，刻的是《佛顶尊胜陀罗尼经》，底层为八边形须弥座，中间镌有四个狮头，口衔连珠璎珞带；北边一座建于宋熙宁年间，高6.22米，刻的是《大白伞盖神咒》，形式、大小和南边的经幢基本一样。它们保存得较为完好，现为全国重点文物保护单位。元丰二年（1079），苏轼、秦观、参寥子曾来惠山寺游玩，当曾参观过这两座石经幢。秦观写下了《和三唐人诗》三首，并被无锡的山水所陶醉而愿在此归隐。其子秦湛因而将父母柩从高邮迁葬惠山，以了其父遗愿。"

千年古刹惠山寺

千年古刹惠山寺

依颂子他们一行五人在惠山寺留影纪念，依颂子介绍说："这座惠山寺建于梁朝大同三年（537），当时叫慧山寺。整个寺院面积广大，把寄畅园、愚公谷、二泉书院、二泉庭院的范围都包括在内，除寺院、园林外，还有众多祠堂，形成一个极负盛名的文物古迹区。"

敢于直谏邹忠公

敢于直谏邹忠公

依颂子介绍，邹忠公祠就在惠山寺山门内，祀宋邹浩、邹泂兄弟俩，后增祀邹迪光、邹德基父子。邹浩敢于上疏直谏当朝权贵，终被削官。祠由邹迪光所建，后毁。康熙五十一年（1712）由裔孙邹兆升等重建。祠内池馆亭台布置得当，极具匠心，旧有金粟山房、静斋等亭台楼阁以及池沼。现重建有门厅、享堂、配殿等。院内立有一块石碑，是高忠宪公（高攀龙）撰写的《邹忠公祠堂记》。

千古流芳忠定公

千古流芳忠定公

　　众人来到邹忠公祠隔壁的李公祠,见门上一匾,上书"李忠定公祠",陈嘉萍问:"李纲又名忠定吗?"依颂子答:"李纲谥号'忠定',故叫李忠定公祠,我们无锡人只叫李纲祠或李公祠。"

　　众人进门后进雍穆堂,浏览壁上《惠山孝祖祠碑记》及堂左李纲诗碑。进入享堂,参拜李纲彩像。

　　陈德余指着柱上"书陈十事"问是哪十事?依颂子答:"李纲任相仅七十七天,上任初即上疏提出十条抗金复国的建议:严惩张邦昌等投降派,力主修明政治,坚决抗金,整顿军队等,如果高宗肯采纳,那么恢复北方失地统一全国不是不可能,但最后还是失败了,被罢相并被放逐。面对南宋半壁江山,李纲含恨去世,年仅五十七岁!"

日月池上香花桥

日月池上香花桥

李公祠前有一个池,池上有桥,依颂子说:"先有池,后造桥。池名'日月池',无锡人则叫它'血河池',凿于南朝刘宋元徽二年(474)。桥建于明代,桥名出自佛经典籍。池呈长方形,池壁嵌一石螭首,二泉水由它汩汩流出。"

雄心不已说愚公

雄心不已说愚公

一行人经过愚公谷大门，依颂子说："其实这里原为后门，叫'愚公谷'，前门则在揭车坞。愚公谷原是与寄畅园齐名的明代园林，占地六十多亩，奇花珍石、亭台楼阁参错其间，在明代晚期是极负盛名的一座私人园林，也称'邹园'。园主邹迪光，明代湖广提学副使，无锡人，在万历年间用了十多年时间才建成此园，南到春申涧，北至惠山寺，东临秀嶂街，西达第二泉。时人讥笑他此园工程浩大，'不米而炊'，根本不可能建成。但邹迪光以愚公移山的精神终于建成了此园，在当时有'山慧谷愚'之说，因而自号为'愚公'，题名为'愚公谷'，又名为'九龙山下人家'。园内有六十多处景点，昨天已玩过，今天就不进去了，我们到对面的寄畅园去玩吧。"

凤谷行窝寄畅园

凤谷行窝寄畅园

依颂子介绍说："惠山又名龙山，秦金迁锡始祖瑞五公惟祯居住在胡埭归山，即凤山，所以秦金号凤山，加上建园于惠山山谷，故称'凤谷'。又惠山寺另有僧舍名南隐房，高僧圆显居此，以所居房室称作'行窝'。秦金仰慕圆显之高情，亦称所建别墅为'行窝'。到了秦燿手中，对园子进行了改造和扩建，并取王羲之'寄畅山水阴'之意，改名为'寄畅园'。"

众人游遍全园，觉得其造园手法是挖池叠山，背靠惠山，园内的假山仿佛是真山的延伸。二泉的水经假山中的八音涧，汇入锦汇漪，真山真水与假山假水浑然天成。

园内的景点，则都是围绕锦汇漪设置的。

懋德堂千年古桥

懋德堂千年古桥

寄畅园前有金莲池，池上架有金莲桥，众人停下脚步端详金莲桥古姿，观赏金莲池中的金莲花。据元代《无锡县志》载："金莲花池者，池中有金莲花，蔓生如荇，开花黄色似莲，蕊半开而不实，朵小如水仙，甚香，旧称千叶云。后有女子入池澡浴，花遂省为五瓣。传说有僧不知来自何方，携植于此，是花天下凡三种，其一在华山方池，其一在庐山池内，其一在此池，皆是僧手植。池上有石梁通惠山寺。"

金莲桥架于金莲池上，桥身南侧中孔华版石边沿正中镌有"懋德堂李府"五字，这是宋钦宗将惠山寺赐予李纲作功德院的标记。此桥现已列为中国名桥之一。

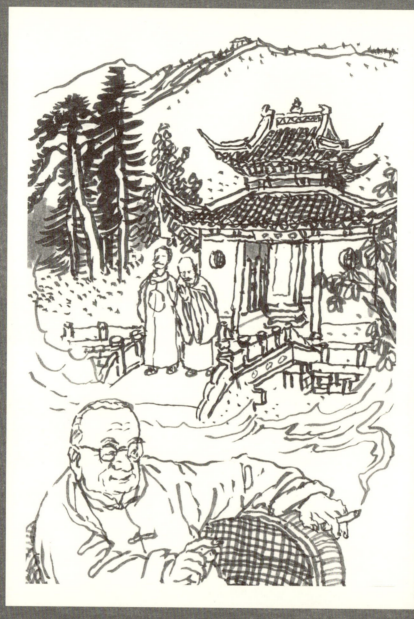

御碑亭前讲康乾南巡故事

御碑亭前讲康乾南巡故事

大家进入御碑亭，它位于金莲桥头，俗称皇亭，又名御书亭。前后方形门两侧各有两个圆形窗洞，左右墙壁各开四个圆形窗洞，亭中竖着乾隆御碑，碑阳为乾隆十六年（1751）题诗，碑阴刻乾隆二十二年（1757）题诗，碑右侧刻乾隆二十七年（1762）题诗，碑左刻乾隆四十五年（1780）题诗。

依颂子说："康熙皇帝和乾隆皇帝南巡到无锡，都在惠山寺和寄畅园等地方题诗或题字，还有刚才我们去过的寄畅园，左侧墙上镶嵌着两块石匾额，分别为康熙手书'山色溪光'和乾隆手书'玉戛金枞'。大厅内陈设着明式红木桌椅，墙壁上悬挂着玉石挂屏，正中有'松风水月'匾，为康熙御书。"

古银杏奇事

古银杏奇事

大家来到古银杏树下。依颂子指着银杏树问："你们知道这棵树多大年纪了？"陈家人和众游客面面相觑，一时都回答不上。陈嘉萍说："估计有一两百年了！"依颂子摇摇头："再往多里说。"游客中有一人看了树旁的介绍说："这棵银杏树是明朝种的，至今已有六百多年了。"依颂子说："对了！洪武初年惠山寺有个和尚名叫性海，他和众师兄弟、徒子徒孙一起栽了十八棵，象征十八罗汉。到现在仅剩这一棵雄性银杏，仍然生机盎然。有一年非但开花还结了果，园林工人将种子种在地上，居然长成了小树，真是奇事。"

听松石床松何在

听松石床松何在

在古银杏旁有一座六角小亭，依颂子领着大家前去观看，只见亭中横卧一石，上刻"听松石床"四字。陈嘉亮好奇地问："这里哪有松啊？"依颂子回答说："这是唐代书法家李阳冰所书，'松'在六朝时曾有过两株，故有'松子声声打石床'之句。当年他和无锡县丞公孙罗一起游惠山时所写。时隔一千多年，现在仍然清晰可见。"停顿了一下他又说："瞎子阿炳为此还谱过《听松》一曲，成为名曲。"众人注视石床边还有字迹，可惜游客离石床不太近，隔着栏杆看不太清楚，有一个游客咕哝着："这里竖一块录有石床上文字全文的牌子该有多好！"众人点头称"是"。

不二法门阎罗宝殿

不二法门阎罗宝殿

依颂子说:"这里原有'不二法门',我小时候就进去玩过。"陈太太问:"当年什么样子?"依颂子说:"进门是黑白无常,有牛头马面,还有地藏殿和阎罗殿。"

不二法门西竺留痕

不二法门西竺留痕

依颂子领着大家来到大雄宝殿旁侧新建的"不二法门",陈嘉萍问:"何谓'不二'?"依颂子答:"这是佛教用语,意即平等不二、真如实相。"大家进入门内,内有"西竺留痕"及大悲阁景点。依颂子说:"原来的不二法门在'文革'中被拆除。现据规划,已在原址恢复。"

何谓"隔红尘"

何谓"隔红尘"

　　大雄宝殿隔壁为爬山廊,依颂子说:"这爬山廊直通'隔红尘',原是惠山寺'天香第一楼'故址。"陈嘉亮问道:"为什么叫'隔红尘'?""有故事吗?"陈嘉萍接着问。"当然有啦!它在康熙年间由无锡知县吴兴祚始建,乾隆下江南时叫'皇亭',珍藏有康熙及乾隆写给惠山寺的墨宝。相传康熙来到惠山寺云起楼,欲和惠山寺和尚参悟佛理禅机,谁知高僧却以'化外之人,早已隔绝红尘'为由不肯见驾。康熙皇帝很尴尬,一旁的大臣想了个妙法,在爬山廊接近云起楼处挂个'隔红尘'的牌子,表示这里已与凡间隔绝,再也没有君臣之分,这样,康熙皇帝就能直上'仙境'会见惠山寺的当家大和尚了。"

　　依颂子又说:"乾隆下江南,地方官员多次在此设宴招待,故老百姓戏称它为'御膳楼'。"

朱衣阁和科考官

朱衣阁和科考官

从云起楼下来,大家在朱衣阁小坐歇息。环顾四周,花木、假山错落有致,十分闲适。

陈太太问:"此亭为何叫'朱衣阁'?这'朱衣'是什么意思?"

依颂子答:"朱衣阁的'朱衣'是科举时代的科考官。传说,宋代欧阳修某次批阅科考卷子,总感觉有个朱衣人站在背后,朱衣人点头,试卷就入格,他回首却又没有看到人影。反复几次,都是如此。这一故事传开后,科考官便被称作朱衣人。乾隆六年(1741),无锡有个杨绅士为供奉朱衣尊者,专门筑了此亭,就叫朱衣阁。"

三春雨和两岸秋

三春雨和两岸秋

朱衣阁旁为雨秋堂，依颂子说："雨秋堂为原竹炉山房庭院中的一个厅堂。清光绪末年改建，堂名取自王绂的'气蒸阳羡三春雨，声带湘江两岸秋'之句。"大家进入堂内，见上悬乾隆御书"顿还旧观"匾额，壁上嵌有王绂所画"晴雨竹"和乾隆帝补写的《竹炉煮茶图》石刻。

衲子拜茶仙

衲子拜茶仙

离开雨秋堂，来到位于二泉亭上方的陆子祠，以蹬道相通，其建筑物危立于石级平台之上。依颂子说："它建于宋代，内悬陆羽画像，杨万里《题陆子泉上祠堂》诗云：'先生吃茶不吃肉，先生饮泉不饮酒''一瓣佛香炷遗像，几多衲子拜茶仙。'"清咸丰十年（1860）毁于兵火，民国18年（1929），于废址建"景徽堂"。

茶品天下试二泉

茶品天下试二泉

从景徽堂出来,就到二泉庭院。唐代茶圣陆羽品天下泉水,惠山石泉水为"第二"。诗人李绅曾在二泉旁读书。到了元代,书法家赵孟頫挥毫写下"天下第二泉"五个大字,自此名扬宇内。明正德五年(1510)春三月,"锡山浚惠山之泉,秋八月功成,凡为池三,为渠二,为亭、为堂各一,而三贤故祠在泉上"。(邵宝《浚泉碑记》)所以二泉庭院因泉构筑、依水成景的艺术传统能得到继承和弘扬,到了清乾隆年间就形成了现在的格局。现在的石刻是清代书法家王澍在雍正五年(1727)重新书写的。天下第二泉有上、中、下三池,以下池面积最大。

二泉观鱼

二泉观鱼

依颂子说:"惠山泉开凿时,原为一圆一方两池,后来圆池改为八角形,此为上池,方池为中池。宋明道年间又开凿长方形的下池,池西边正中雕螭首(石龙头),泉从口出,就是此池。"大家正在四处观望,陈嘉萍高兴地喊道:"看!一群彩色大鲤鱼!"只见陈嘉萍手舞足蹈地在金鱼池畔向大家招手。众人聚过来一看,果然有许多大大小小红的黑的鲤鱼,有的伏在池底不动,有的游弋在池水中,煞是可爱。

尤袤藏书万卷楼

尤袤藏书万卷楼

休息了好一会,陈太太问依颂子:"我们从上、中池看到下池,现在该上别处观光了?"依颂子摇摇手:"这里还有万卷楼、锡麓书堂呢!"

说罢,依颂子领他们走进了万卷楼:"万卷楼位于二泉庭院南侧山坡,为尤袤读书处。该楼迭经兴废,现在总算整修一新,向游人开放。祀主尤袤与杨万里、范成大、陆游并称'南宋四大家'。晚年告老还乡,于锡山、惠山之间结屋数椽,名锡麓书堂。并以从祖尤辉的依山亭改建为遂初堂,又称遂初书院。宋光宗年间,赵惇曾御赐'遂初堂'额。尤袤闭门谢客,以抄书为乐,他不仅自己抄,还命子弟婢仆一起抄,积至三万余卷,藏于此屋,故名'万卷楼'。"

开始登山

开始登山

依颂子说:"从现在起,我们进入山林保护区的惠山九峰景点,请大家跟我一起上山。"从陆子祠南侧,在万卷楼前的石级上向上登山,先过龙墙"瀹茗""闻淙"月洞门,见山坡上有一石洞,上镌"若冰洞"三字,洞内有泉水。依颂子说:"此洞为唐代长庆年间惠山寺僧若冰所凿,故名。当年此泉水经'九曲清流'石涧,在崖头泻为小瀑布,导入二泉中池,再流入龙头河,为九龙十三泉之源头。今泉流几近枯竭。"

半岭松风半山亭

半岭松风半山亭

再往上爬，在半山腰的地方有一只亭子，依颂子说："这里古时候有望湖阁，现在在原址上建造了这只半山亭。"大家仔细观看，只见它由平台、旱桥、月洞门、院落等组成。大家又看到一块大石头上镌刻有苏东坡"孙登无语空归去，半岭松风万壑传"的诗句，依颂子说："这就是有名的'半岭松风'的景点。"

头茅峰上老君庙和仙人脚印

头茅峰上老君庙和仙人脚印

好不容易登上了山顶，依颂子指着院落说："这原来是老君庙，现在是游人休息处。"大家仰头看山门上的石刻，上镌"头茅峰"三个大字。另有一石，上刻斗大"福"字，向来到此地的游客表示祝福之意。进入大门，为三间大厅，可供游人歇息、赏景。

依山西行，依颂子指着一座石峰说："你们看，像不像是一个人的足迹？"大家都说："像！"依颂子说："对了，这就是仙人的足迹。"指着旁边一石，众人上前一看，果然刻着"仙人脚印"四个大字。

二茅峰上远眺

二茅峰上远眺

一行五人沿着石子路向西行进，这里原有旧道观，后毁。登高远眺，风景殊胜。

陈太太说："秦观墓就在附近，我们前去祭拜一下。"

大家都说"好"。

山阿相与邻

山阿相与邻

到了秦观墓牌坊前,依颂子说:"我在参观惠山寺石经幢时曾介绍过秦观和苏轼、参寥子来锡游玩,秦观曾想在锡隐居,现在终于在惠山安息了。这秦观墓三面环山,面向东大池,是其子秦湛从高邮老家将其父母柩迁葬此地,至今已有九百多年了。"墓旁有团瓢泉,泉脉千年未断,是个活水泉,至今仍是一池清水,堪称奇迹。

八仙过海拔船湾

八仙过海拔船湾

在二茅峰接近三茅峰,有一个山坞,在宋坞与马鞍坞间,俗称拔船湾。依颂子说:"说起拔船湾的由来,与民间传说中的八仙有关。一朝,八仙去参加王母娘娘在瑶池设宴的蟠桃盛会。八仙驾着船,乘风破浪从东海直抵惠山。当时的惠山还是波涛滚滚的大海中的一座岛屿。至此,按理船沿着惠山脚下绕道而行是很方便的,可他们偏偏不走水道,却径直把船沿宋坞拉过惠山,再浮水去赴会。如是,惠山便有了拔船湾的景点。"

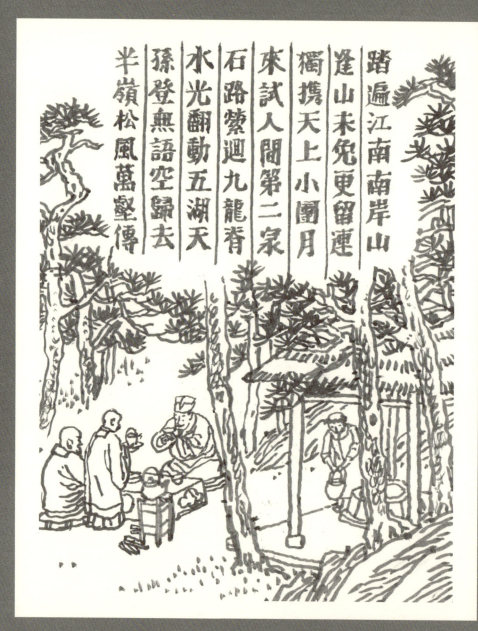

东坡诗碑

东坡诗碑

经过拔船湾,他们来到一处山脊石道旁,见有一块"东坡诗碑",上面刻着苏东坡在熙宁七年(1074)春来无锡看望好友钱颖,特地带了"小龙团"茶饼来品尝二泉水,写下了这首脍炙人口的《惠山谒钱道人烹小龙团登绝顶望太湖》。陈嘉萍说:"只是刻了后半部分。"依颂子说:"刻的这一段描写的正是眼前的风光,你们看,从头茅峰来到这里,不正是体现出诗碑上'石路萦回九龙脊'的一路风光吗?再往前更可体会'水光翻动五湖天'的景色了。"

水光翻动五湖天

水光翻动五湖天

终于登上三茅峰顶，环顾四周，觉得比在锡山顶甚至头茅峰、二茅峰顶眼界更为宽广，视野更远、更辽阔。整个无锡城像一幅缩小了的彩色风景画，宽阔的道路被绿树掩映，影影绰绰中能见到飞驶的汽车及高大的一幢幢造型各异的楼宇，浩渺的太湖像披上一层薄薄的轻纱裹挟着太湖三山及灵山大佛，周围山峦重叠，陈嘉萍高呼："简直是一幅美妙的水墨山水画卷！"陈太太赞叹着说："无锡真山真水，江南水乡名副其实。"

石门胜景天造地设

石门胜景天造地设

三茅峰胜景在石门，这一带既有山峦峭壁，又有山泉帘水，还有白云盘绕的山林。附近有"悟空泉"，泉后峭壁悬崖，孤绝奇险，有一块高大的石壁，中虚一隙，形同一扇双门，因此邵宝、廖纶先后在石上刻"石门"两个大字，旁有"叠嶂栖云""洞庭春色""此乡可乐""白云深处"的题刻。游人至此，无不留恋，久久不愿离去。

古镇广场观杂耍

古镇广场观杂耍

　　吃过早点,依颂子说:"今天参观历史文化街区——惠山古镇,吃喝玩乐,放松放松,尽兴而归。"众人无不拍手赞同。

　　来到古镇,已是游人如织,祠堂人头攒动,店堂顾客盈门,摊贩林立,好不热闹。在广场观看了一会儿杂耍,便往直街走去。

五里香塍留影

五里香塍留影

在直街口，有一块"五里香塍"石碑，依颂子对大家说："现在来到五里街。我小时候，无锡还有城墙，从城里出西门经棉花巷到惠山来，五里街是唯一通道，20世纪70年代新开大运河，在近惠山处拦腰截断，这五里街就不通了。现在交通便捷，这五里街便成了记忆中的一个名称。来，让我们合影作个纪念。"

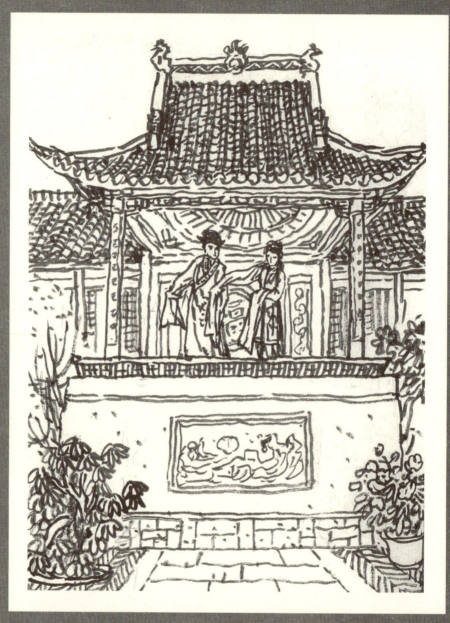

古戏台观演出

古戏台观演出

惠山古镇布满祠堂，直街也是重点，且大多数的祠堂都有后院，还筑有戏台。依颂子他们来到一家祠堂的戏台，正在演出《牡丹亭》，便也挤在人群中欣赏起来。

游山货公所

游山货公所

来到山货公所，依颂子说："从前这里的山货公所，是山货行业的集散地，买卖山货，也是处理行业纠纷的场所。现在用作小吃店、小杂铺等场所。"

品尝惠山豆腐花

品尝惠山豆腐花

经过一家豆腐花小吃店,众人入内尝尝无锡味道。依颂子说:"豆腐花担子以前常在街头巷尾叫卖,如今已绝迹。今天路过,进去尝尝。"陈太太说:"我们那里叫豆腐脑,一般都在店里吃,没有担子沿街叫卖的。"依颂子说:"名称不同,货色是一样的。但无锡豆腐花偏甜,和其他地方有所不同。"

参观惠山书局

参观惠山书局

众人一路走来,来到隔壁一家大祠堂,这里是一家大书店,上悬"惠山书局"(前为"先锋书店")匾额。

依颂子指着牌匾说:"惠山书局是南京先锋书店设在惠山古镇的支店,最初叫'先锋书店无锡店',就设在这个祠堂内。"

陈德余高兴地说道:"我们是同行,走,进去学习学习。"

走进店堂,主管张征为先生热情地接待了他们,他和依颂子是老朋友了。

陈德余问:"张主管,书店开在祠堂里,合适吗?"

张主管回答说:"清嘉庆二年(1797)的杨观察公祠,是这里的原址。时光流淌百余年,最让人心动的是岁月悠悠的味道,像陈年的美酒,我们书店真的是选对了地方。"

热闹的惠山直街

热闹的惠山直街

漫步直街，两旁祠堂有的已改成店铺，所以游客很多，逛街的有，参观的有，购物的有，很是热闹。

依颂子边走边介绍惠山古镇的情况，有直街、横街两条主要街道，上、下河塘分布各姓祠堂，小弄很多，也是以祠堂为主。

人伦正始

人伦正始

依颂子说:"好吧,让我们从横街开始。横街上有六座:许显谟祠、杨四褒祠、许文懿公祠、张明公祠、单姬祠和秦氏双孝祠。现在我们只去单姬祠、秦氏双孝祠和杨四褒祠,还有几座正在修复,就不去了。"

单姬祠刚修复不久,所以门庭很新。依颂子说:"单姬祠,又名单贞女祠、贞义单姬祠,祀明沈昇聘妻单氏。"依颂子指着门首"贞义单姬"匾说:"此为邵宝书,门内'人伦正始'额为周正义题。"

前后孝子共四位

前后孝子共四位

依颂子指着秦氏双孝苑大门说:"秦氏双孝祠主祀秦旦（永孚）、秦奭（仲孚），被誉为'前双孝'；秦开杰（萼翘）割股疗亲，弟凤翔（芝珊）万里寻父，被誉为'后双孝'，亦将二孝子神位供祀祠内。原祠在寄畅园内，就是我们去过的嘉树堂，已无遗迹。2017年6月，秦氏后人在横街寄畅园大门对过移建'双孝苑'，还作为无锡市孝文化基地向外开放。"

医国圣手

医国圣手

依颂子说:"薛中丞祠祀主是薛福辰。无锡薛家是大族,晚清出了个外交官薛福成,其著名的《巴黎观油画记》收入中学语文课本中,长达数十年,广为人知,我在初一时就已读过,至今不忘。其兄薛福辰恐怕知之者寡,其实他亦很出名,治好了慈禧老佛爷许多御医都束手的病,慈禧不但加升他的官,赏赐银两,还封他'医国圣手'。祠建于宣统元年(1909)。"

著书不仕宋大儒

著书不仕宋大儒

来到朱乐圃祠前,依颂子说:"祀主朱长文可谓是宋代大儒,他立志只著书而不仕,对《书》《诗》《礼》《乐》《易》《春秋》颇有研究,著有《吴郡图经续记》《墨池编》《琴台志》《乐圃馀稿》等,当地人们受益颇深。"

下河塘品茗

下河塘品茗

酒足饭饱，大家想喝茶。依颂子说："茶店茶摊满古镇，沿街沿河都设座，随便挑一个就是了。"

于是在沿河一个茶座坐定，边喝茶边休息边听依颂子开讲："自唐代陆羽品评惠泉为天下第二之后，到惠山吃茶可谓经久不衰。平民百姓到惠山吃茶，主要品尝泉水以及泉水带来的欢乐。如今，吃茶的地点移到烧香浜以及上河塘、下河塘一带，沿河摆着茶桌，特别是下河塘一座石级小桥附近，人气更旺。"

畅游龙头河

畅游龙头河

喝过茶,陈太太问道:"还有些时间,我们这次惠山古镇行最后的看点是什么?"

依颂子说:"当然是坐船畅游欣赏古镇两岸景色啦!"

船码头起始、终点站设在黄埠墩和烧香浜,沿惠山浜及各支流各设若干个小码头,供游人随时上下船。

船驶入惠山浜,依颂子接着说:"惠山自古以来就是游览胜地,不论是达官贵人、闺阁名媛、文人雅士还是黎民百姓,不论是途经大运河还是专程,均要来惠山扫墓和进香礼佛,观赏山景。陆路走五里街,水路走龙头河,康熙、乾隆两帝驻跸黄埠墩,就是乘龙舟从黄埠墩到龙头河口御码头上岸。"

告别黄埠墩

告别黄埠墩

游船沿着惠山浜、烧香浜、龙头河驶了一圈,回到黄埠墩,弃舟登岸,陈家四口人向依颂子告别:"谢谢老爷子全程陪同!我们去安镇看看后就回常德去了,欢迎您去常德旅游,我们也会像老爷子一样陪同参观,再见!"

下卷

钟灵毓秀

于铸梁 编

于蓮齋傳

于御史者江南潤州金壇人也諱棟如字隆九號蓮齋
晚年專心政務倦於應酬又自號懶道人其先自中州
遷居壇邑越五世而契元先生以孝廉作令江西蓁齋
先生由進士歷階都憲而于氏之政事文章嘖嘖人口
矣御史為蓁齋先生七世孫十歲時太翁怡菴先生奉
其母荆太夫人避兵鄰邑太夫人覆舟墮河御史奮身
入水力扶以出觀者嘆異怡菴當滄桑之後家業蕩然

《于氏宗谱》中关于于栋如的记载

清风廉政于栋如

于栋如（1633—1698），江苏金坛（今属常州）人。

于栋如，字隆九，号蘧斋，家境不裕，十岁随祖母避兵乱逃亡邻县，途中祖母失足坠河，他奋身入水力托而上，见者无不叹异。这年大饥荒，他取下自己的簪珥换米百斛（南宋以前一斛为十斗，后改五斗为一斛），周济贫困亲族。

康熙二年（1663），栋如乡试中举，康熙九年（1670）进士及第，官山西襄垣令，后转任浙江淳安县知县。淳安为明代忠介公海瑞旧治。栋如治淳安期间，驱腐败，惩治贪官污吏；决疑案，为民申冤昭雪；为官清廉，两袖清风；为人淳诚，爱民如子；生活俭朴，贫如寒士。在淳安有"于公海公一样清风"之谣。迁治湖南黔阳，起初黔阳因经兵祸侵劫后，十室九空，民苦不堪言。他去治理一年，即民风和淳，百姓安居乐业。当道特疏荐举栋如，他遂升浙江道监察御史。任内，他竭力向上谏言，所陈条奏皆被上官采纳，并予以实行。特别是疏请在灾荒之年不要向农民派捐征税，百姓得以生计存活。经几年勤治，浙江道宿弊尽除，民众欢声载道。

栋如卒于任上。理学家李光地（康熙进士，官至文渊阁大学士）为他书传。

（于 欢）

大學士一等輕車都尉于敏中
內地土司事須漢字自始
至終勤勞弗替相機擬諭
厥功茂焉賜翎寫像儒臣
齰肩

于敏中像

传奇人物于敏中

于敏中（1714—1780），江苏金坛人。

于敏中，字叔子，号耐圃。出身于科举世家，幼年被誉为神童。十五岁乡试中举，二十三岁取得丁巳恩科状元。

于敏中仕途充满传奇色彩：他在翰林院供职七年，因勤勉和聪明，深得皇上的优渥和恩宠；兴学育才，培植寒士，为朝廷选拔了众多的文士，赢得朝野上下一片赞誉；一生四次扈从乾隆南巡，为协助推行"文治天下"的战略作出了贡献；在"两定大小金川"等的战役中，因"书谕得体"而官至首席军机大臣、文华殿大学士、文渊阁领阁事；以文翰著称，是乾隆朝无人替代的高位作手，为"乾隆盛世"贡献了不凡的诗文才华；是编纂《四库全书》的倡导者和组织者。他死后，乾隆皇帝深为悼惜，着加恩入祀贤良祠，赐祭葬如例，谥文襄。

于敏中作为文华殿大学士、首席军机大臣，为缔造清乾隆盛世作出了突出的贡献：一是多次担任会试的副考官、正考官，为朝廷选拔培养了大批优秀人才；二是扈从乾隆皇帝南巡，发现和培养了一批饱学之士；三是"朝廷谕书多出其手"，被彰昭为"文人武略"；四是主持编纂《四库全书》，被誉为《四库全书》第一人。

然而，于敏中死后六个月，就因"遗产涉贿案"被乾隆皇帝查抄；第二年，又因甘肃"捐监舞弊案"中曾"极言捐监之利"，最终被撤出了贤良祠。也因此，之后几百年来，一直被认为是一位品质低劣、贪得无厌的相国，民间有些传闻更是以讹传讹。一代人杰因族裔之间的利益倾轧和民间不负责任的传闻，误伤不轻，他的才智被张冠李戴，所作的贡献被长期埋没。

（曹春保）

光緒歲在丙午重修

于氏宗譜 卷一

于氏宗譜

固本堂藏板

固本堂

固本堂版《于氏家譜》书影

清末举人张兰阶忆于松贤

于松贤（1748—1826），江苏无锡人。

长岑于翁讳松贤，世居邑之下旺里。学山翁生三子，翁最少，学山翁独钟爱之。幼有至性，父以任重责两兄，辄为分任，遇或所杖，则缓曲解救，甚至以身翼乃兄，学山旋亦笑而止。比长，操农业，具率诸佣于先，以故无敢有休惰者。继而分财产，翁以厚腴让两兄，曰："儿年少，分当居其薄也。"时学山翁年渐老，翁日夕左右奉旨甘侍几席。暇日，携杖履瞩郊坰，指点云山烟树以为豫乐。噫！若翁者无愧敦孝友者矣！

（张兰阶）

明季北略卷之二

錫山計六奇用賓氏編輯

天啟元年辛酉

瀋陽陷

總兵賀世賢駐瀋陽正月　大兵數萬騎抵渾河昏候。報渡河近城矣世賢大驚備火藥于堞間登城望大兵尚離城四里卽命發砲未傷一騎而火藥已盡須臾圍城次日副總戎尤世功率萬人出戰殺傷過半而返堅守不出經略袁應泰得報命衆將王世

计六奇艰苦著书

计六奇（1622—?），江苏无锡人。

明末清初，无锡有一位名不见经传的私塾先生计六奇。他孜孜不倦、刻意求实地撰写了五部历史著作：《明季南略》《明季北略》《粤滇纪闻》《南京纪闻》《金坛狱案》。这对后人研究明清历史，提供了极其宝贵的资料。计六奇，字用宾，号天节子，别署九峰居士。他生于明天启二年（1622）。他的母亲出身书香门第，是监察御史胡时忠的胞妹；妻子是杭济之的女儿。计六奇十九岁时跟岳父到洛社读书，两年后又去母舅胡时忠家，后来在顺治六年（1649）、十一年（1654）两次应试落榜，遂无意仕途，去无锡坊前、江阴璜塘等地教书，共三十五年之久。

计六奇自小喜听民间传闻轶事，后来有志撰写历史著作。他喜好与遗老遗少、僧侣、士兵、艺人、农人交往，听他们谈论耳闻目睹的往事。他也到处探访遗址、遗事，广泛搜集资料。如去镇江访问目睹松山杏山之败的唐奉山，到扬州访史可法祠，往桐城访陈石舫谈张献忠打桐城，在苏州访"五人墓"等。如此日积月累，方始动笔写作。撰稿中力求翔实，他参考了五六十种书籍，以及邸报、京抄、京报、疏文、单据、野史，悉心考证事实。

他在康熙五年（1666）开始撰写《明季南略》《明季北略》，历时四年写出初稿，后来两次誊清和不断修改补正，终于定稿。这两部书，前后花了二十多年的时间，反映了明神宗万历到崇祯末年的一千多件史实，共五十五万多字。他自己说："纵览凝思，目不交睫，手不停披，晨夕勿辍，寒暑无间，宾朋出入勿知，家乡米盐勿问。"甚至，在康熙庚戌（1670）冬天，"大雪连旬，千里数尺，予呵笔疾书，未尝少废。辛亥（次年）夏酷暑……予虽汗流浃背，必限录、誊清五纸。每晨起，用手巾六层陈案上，书毕视之，肘下透洽"。就是以这种艰苦劳动，终于写成难能可贵的巨篇。

计六奇生长在阶级斗争和民族斗争的战火纷飞年代，他说："我生不逢辰，遭此国家多难，回思开国之盛，复悲黍离之衰。"

计六奇《明季南略》书影

而且，他岳父杭济之的三弟献之（又名王谋），顺治三年（1646）在江阴率领乡兵万余人起义围城，兵败而牺牲。这些都驱使他以炽烈的民族主义思想，去反映明代真实历史。因而，其著作中涉及无锡、江阴、宜兴、苏州、南通、南京、六合、徽州、庐州、常德、四川、西安、广州等六十多地的人事，一般都写得公正。当然，限于历史条件和他所处的地位，对农民起义运动等也难免有主观观点。

（尤　伟）

伍子胥像

伍员兴邦　夫差亡国

伍员（约前559年—前484），湖北监利人。
夫差（约前528年—前473），江苏苏州人。

伍员，字子胥。其父是楚国"三代忠臣"伍奢。伍奢为楚国太子建傅，为人很耿直，向楚平王说了太傅费无忌奸佞的短处，被逮捕。平王要他召两子，以斩草除根。伍奢说："我两个儿子的性格不同，长子伍尚很仁慈，招之即来，不过次子伍员文能治国，武能安邦，很敏感，他不会来的。"果真，伍尚召了回来，立即被斩首。伍员却连夜逃跑，去了宋、郑两国，以后又逃到吴国。他无以糊口，披着头发、赤着脚、涂黑了面孔，在吴市街头吹箫行乞。他身高一丈，腰粗十围，眉宽一尺，长相奇特。公子光把他收为门人，以后屡建奇功。他为阖闾进献治国安邦大计，弑王僚，夺天下，还拓宽城疆，进攻楚国，受到上下敬重。

阖闾负伤身亡，儿子夫差即位。夫差纵欲行乐，养麋有"麋城"，养鸭有"鸭城"，养鸡有"鸡陂"，养鱼有"鱼城"，酿酒有"酒城"。据考证，麋城在无锡后宅境内，现名"大桥角"；鸭城在无锡东亭镇的仓下，现有"鸭城桥"。养鸡、鱼和酿酒之地，都在苏州。

吴越多次大战，一次在夫椒山把越国打败。《史记·索隐》说："其地缺，不知所在。"西晋的杜预说它在太湖中。据现代人考证，它就是今无锡市马迹山，或太湖中的拖山。马迹山至今有夫差"战鼓墩"、伍员"试剑石"等古迹。

越王勾践对夫差假意殷勤，献美女、珍宝、借稻谷，自己卧薪尝胆，"十年生聚，十年教训"，矢志复国。伍员对夫差的麻痹进行忠谏，说："勾践食不中味，衣不重采，吊死问疾，且欲有所用其众。此人不死，必为吴患。"夫差不听，整日迷于酒色，为美女西施建馆娃宫、响屦廊、采香径等，最后烦了伍谏，恼羞成怒，赐剑要他自杀。伍员临死前对舍人说："抉吾眼悬之吴东门，

夫差违谏释勾践

以观越人之灭吴也。"他死后，尸体被装进鸱夷（皮袋），投入江中，漂到了闾江（一说胥江），当地百姓痛惜地把他葬在山上，取名"胥山"，并立祠纪念。这胥山在无锡胡埭镇（一说在苏州城西四十里），"伍相祠"在闾江后巷西，后迁到牛弄，画栋雕梁，苍松翠柏，在抗日战争中被日寇拆毁，现存"上马石"。

周元王元年（前475），越王大举伐吴，把阖闾城（姑苏城）团团围住。围城三年，吴国军民把能吃的东西都吃光了，士卒完全丧失了战斗力，越军轻而易举夺取了吴国都城。夫差狼狈逃窜到姑苏山上，又被追兵围住，遂派大臣去求和。越王不许，夫差被擒，最后伏剑自刎，吴亡。

（尤　伟）

此待之況 陛下天資聖德聰明智勇之君
此臣敢隱默而不言哉方今天下之患者皆
謂黎民未乂戎虜未恭政令未明財用不足
以臣思之不足為患所以過慮者在陛下
中庸之未擇性理之未充賢才之未多法度
之未立也伏望陛下略機務之繁進誠明
之學秘經信道顧養神明精選縉紳有道之
臣旁求巖穴篤行之士日與講求性命之理
道德之源養而充之以至神固斯可以不言

华燧印刷的《会通馆校正宋诸臣奏议》书影

华燧印刷天下知

华燧（1438—1513），江苏无锡人。

我国的印刷技术，自北宋庆历年间的毕昇发明胶泥活字以后，经过元、明两代的不断发展，木、锡、铜、铅等材质的活字相继问世。在明代，无锡华氏的铜活字版最为著名。清光绪进士叶德辉在《书林清话》中说："明时活字印刷如此广远，而皆在无锡一邑。"其代表人物，为华燧、华煜、华坚、华镜、华珵。

华燧，字文辉，别号梧竹。他自小醉心于经史书籍，常常坐在路口朗读，旁若无人，遇到有学问的老者，就去求教。这样广泛涉猎经史，校阅异同，逐一辨证，手录成帙后，他说："我能会而通之矣！"因而，将自己的书房取名"会通馆"，人们也称他"会通君"。会通，是《易经》上的一句话："圣人有以见天下之动，而观其会通。"是融会贯通的意思。

华燧很孝顺父母，父亲双足有病，不能行走，他和兄弟华煜、华烻侍奉左右，并为之朗读书籍；父亲谢世后，他又住在墓旁守孝。但华燧一心读书、印书，不善经营，把田地都荒芜了。他仿效古人的"井田制"，在田地四周挖沟为疆。他家本来很富，后来败落。晚年，他为自己预写了墓志铭，七十五岁时病逝，葬于西高山。

他一生印书很多，有《锦绣万花谷》《文苑英华纂要》《容斋随笔》《古今合璧事类备要》等。他印的书很讲究，字体圆活遒劲，纸墨十分精良，为收藏家所重视。

按古代五行相生原理，火生土，土生金，他的儿子都以土旁题名，有华埙、华奎、华壁三人。他的侄子叫华坚，也是一位印刷家。华坚，字允刚，在正德年间以"兰锡堂"之名，用铜活字版印刷了《文苑英华辨证》《白氏长庆集》《艺文类聚》《蔡中郎文集》《春秋繁露》等书。他印的书，都在卷后以"锡山"二字为图记。

华坚的侄子华镜以及另一位与华燧年龄相近的华珵也都是出版家。华珵（1438—1514），字汝德，是华燧的族叔，善于鉴赏文物，所以他自己的"尚古斋"书房里藏品甚多。他的铜活字版很精细，每当接到珍贵书籍，几天后就能排入印刷计划。　　（尤　伟）

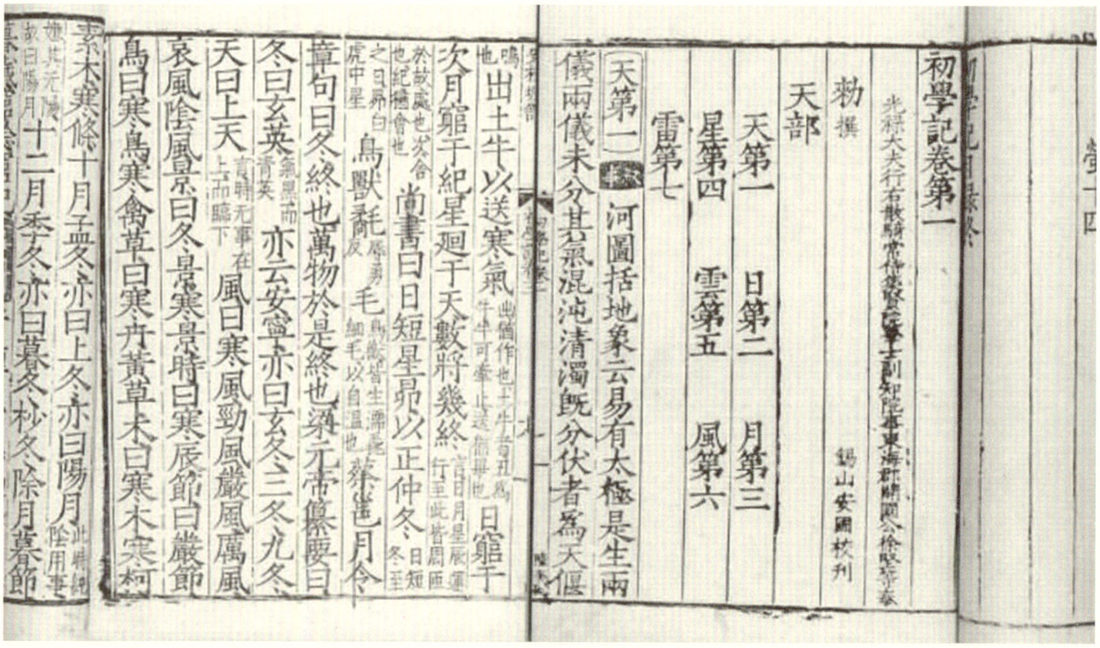
初學記卷第一
光祿大夫行右散騎常侍集賢院學士副知院事東海郡開國公徐堅等奉
勑撰　錫山安國校刊
天部
天第一　日第二　月第三
星第四　雲第五　風第六
雷第七
天第一
敘事
河圖括地象云易有太極是生兩儀兩儀未分其氣混沌清濁既分伏者爲天偃

安国校刊的《初学记》书影

富可敌国的安国

安国（1481—1534），江苏无锡人。

在明代，全国有十七个富豪，无锡占了两个，一个是邹望，一个是安国。当时无锡有一句话："安国、邹望、华麟祥，日夜金银用斗量。"安国的祖父留下四百亩地，平分给两个儿子；安国的父亲有四千亩地，又平分给两个儿子；到安国的晚年，他已有十多万亩，仅松江一地就有两万亩地。因而，他被后人称为"富可敌国""名震天下"！

安国，字民泰，号桂坡，西堠村（今安镇）人。那时的无锡，是全国活字印刷的重镇，安国又是仅次于华燧的著名印刷家。他以"桂坡馆"之名，印刷了《颜鲁公文集》《吴中水利通志》《初学记》《雍录》等书。他在家乡的胶山后岗辟园圃，种植桂花树两里多地。有一年饥荒，他以工代赈，养活了近万人。他建造了豪华的别墅西林，中有三十二景，王世贞为之写《西林记》。侄子安绍芳和叶之芳等人为之吟诗唱和，苏州张元春作了《西林图》。后来，因他的儿子做了官，被诰赠奉直大夫、南京户部员外郎的虚职。他和当时的许多政界要人、文化名人有交往，如首辅严嵩，南京吏部尚书王廷相，南京礼、吏、兵三部尚书湛若水，南京户、吏、礼、兵、工五部尚书秦金，南京吏部侍郎吕柟，"二泉先生"邵宝等。他的后代安璿在《家乘拾遗》中说："每一游历，吴下名家必赋诗写画，以宠其行。行则有司必具舟车马拥前驱，文宴流连。"他性好游览，足迹遍及国内名胜，著有《游吟小集》《安桂坡游记》等书。他在访问"江南第一风流才子"唐伯虎后写道："桃花庵里访高人，绕屋花开万树青。诗酒放歌真是乐，图书充栋未为贫。功名富贵区区物，日月江山荡荡身。临别有言相赠我，野夫怀惠若怀珍。"聚财以后，他也疏浚白茆，开凿山河庄，资助修城池、平倭寇、修学校等，为乡里造福。

（尤　伟）

唐詩三百首註疏卷下

衡塘退士手編

建邑雲仙氏章爕象德註

仁和孫孝根先生較正

五言律詩

經魯祭孔子而嘆之　　　唐玄宗

夫子何爲者　栖栖一代中
地猶鄹氏邑　宅即魯王宮
歎鳳嗟身否　傷麟怨道窮
今看兩楹奠　當與夢時同

至德二載鼎宗發精騎三千奉迎上皇玄宗還西京詩當此時而作栖栖依依也一代指春秋時暗寓語于何爲是栖栖者與地鄉邑邑名姪至孔子所即魯王宮闕金石絲竹之音乃不壞宅以經魯承之深邑今未改宅居宅尚書序魯恭王壞孔子舊宅以廣其居升堂之神按輿歌詳李白詩以轉之歎也正寫歎宇以孔叢于叔孫氏之車于銀商樵于野而獲麟焉衆莫之識夫子觀焉泣曰麟也出而死吾歡與起唐主之歎賓中賓也

同此句合起聯即孔子坐于兩楹之夢也總合祭宇此詩筆意靈妙章句字法震震不可結出歎宇之神非其時來何求麟兮我心憂今看兩楹奠地道寓夫歌云唐虞世兮麟兮歸今當興夢時

蘅塘退士孙洙

孙洙（1711—1778），江苏无锡人。

古人幼年启蒙，通常以《百家姓》《三字经》《千字文》为必读书籍。学习诗词，以《千家诗》为范本，因其文句浅显，易于成诵。到乾隆年间，蘅塘退士却认为《千家诗》是"随手掇拾，工拙莫辨"，诗体局限于绝、律二体，而且唐宋混杂。他主张以唐诗为典范，"熟读唐诗三百首，不会吟诗也会吟"。于是，他在近五万首唐诗中精选出三百零七首，编成《唐诗三百首》。全书八卷，分成五言古诗、七言古诗、乐府、律诗、绝句。诗作选自七十多位作者，名人名诗荟萃，内容十分广泛，生活气息浓厚。

蘅塘退士编定的《唐诗三百首》，确实优于《千家诗》，很快便"风行海内，几至家置一编"，成了启蒙必读书以及一般文人所欣赏的读物。到了清道光年间，上元（今江宁）陈婉俊（伯英）却认为它注疏不详而有错误，便重新注释。陈婉俊出身于书香门第，她是观察陈叔良的女儿，著名学者姚莹（石甫）的外孙媳。有一年，姚莹去四川上任，行前回到家乡安徽桐城，在外孙李镜缘家中看到这一补注本。他十分高兴，以为"自古注书，得之闺阁者恒鲜（很少），而精当尤难"，便亲自作序，嘱咐刻书，流传于世。陈婉俊的补注本，注释详细，对诗作者的籍贯、历史，对涉及的山川古迹和名词，都严加考证，对警句作了精辟的评点。后人称赞为"字梳句栉，考核精严"。到了光绪十一年（1885），"四藤吟社"根据"餐花阁"藏版刻印时，又增加了杜甫《咏怀古迹》三首，使全书收诗三百十首，更加风行于世。

《唐诗三百首》流行于世一百多年，却只知编定者为"蘅塘退士"，而不知其详。因而民国出版的大型辞书《辞源》《辞海》都无条目介绍。中华人民共和国成立后，经人考证，方知蘅塘退士名孙洙，字临西，金匮人，生于康熙五十年（1711），逝于乾隆四十三年（1778）。他在乾隆十六年（1751）中进士，历任卢龙、大城知县，为官清廉，一身正气。后来在上元县当过教谕，退职回到家乡后，在无锡定居。他除在乾隆二十八年（1763）编定《唐诗三百首》外，还著有《蘅塘漫稿》和《异闻录》。顾光旭的《梁溪诗钞》、宝镇的《名儒言行录》以及《锡山书目考》和《上江两县志》都有他的事迹记载。目前，无锡留有孙洙的后裔。　（尤　伟）

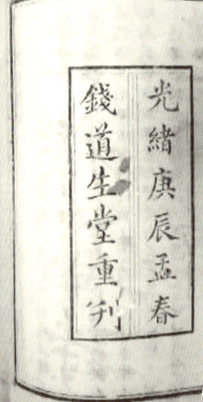

孙洙《唐诗三百首》书影

附录：《唐诗三百首》中也有错

《唐诗三百首》在国内是家喻户晓的畅销书。选编者是无锡人孙洙（1711—1778），字临西，号蘅塘退士，清乾隆十六年（1751）进士，曾任知县。著有《蘅塘漫稿》，编有《唐诗三百首》。"熟读唐诗三百首，不会吟诗也会吟"是编者在序中提出来的，可谓耳熟能详。

但这本大名鼎鼎的选本也有错。在该书卷八"七言绝句"中收有韦庄的一首诗："江雨霏霏江草齐，六朝如梦鸟空啼。无情最是台城柳，依旧烟笼十里堤。"标题是"金陵图"。其实错了。从诗的内容看，虽然所写景物的确鲜明如画，但它并不是一首题画诗，显然把标题搞错了。韦庄另有一首诗"谁谓伤心画不成，画人心逐世人情。君看六幅南朝事，老木寒云满故城"才是真正的《金陵图》，而选本所选的其实是《台城》。蘅塘退士移花接木，却误导了读者，使他们把《台城》当成《金陵图》来背诵。"谁谓伤心画不成，画人心逐世人情"明确点出主题，以六朝往事为题材画出的六幅《金陵图》，画出了诗人伤心之意，眼看晚唐政局衰败，引起诗人吊古伤今，为抒情之作，这才是真正的题画诗。所以《唐诗三百首》所选的这首诗，题目应改为《台城》，"无情最是台城柳，依旧烟笼十里堤"才符合诗意。

那么作为文豪的孙洙为什么会发生这样的差错？巧的是当时苏州另一位文豪沈德潜（1673—1769），也是乾隆进士，他所编的《唐诗别裁集》，也把《台城》错成《金陵图》。是否可以这样推测，两人同朝为官，同是家乡近邻人，同是文豪，同编唐诗选本，两书互受影响，当然这只是笔者妄言，当不得真。

在他们两位之前，康熙早就令彭定求等人编撰《全唐诗》，书中收有韦庄的《金陵图》和《台城》，此书影响甚大，孙洙、沈德潜不会不清楚。再有就是和韦庄同为前蜀藩将的韦縠，他编有一本《才调集》，卷三选有韦庄的"江雨霏霏"，标题为"台城"，这才是明确无误的。作为文豪、学者的孙洙、沈德潜应该读过这本《才调集》，再犯张冠李戴之错误，似不应有。

（于铸梁）

杨潮观《吟风阁》书影

吟风阁主杨潮观

杨潮观（1710—1788），江苏无锡人。

无锡名人在明清戏剧作家中，最为著名的当推杨潮观。

杨潮观在乾隆元年（1736）中举人，曾出任山西、河南、江苏、四川等省的地方官，见多识广。他在河南杞县和四川泸州，都开粮仓救灾，深得民心。在四川邛州，他发现了汉代卓文君和司马相如私奔卖酒的遗址，便在那里建造了吟风阁，邀集一班伶人演戏。

乾隆四十五年（1780），他七十岁回到故乡无锡，又重建一座吟风阁，自称"吟风阁主"，以一生深广阅历和生活感受创作了许多剧本。他的《吟风阁杂剧》四卷，编进了他创作的三十二折戏曲，其中以《寇莱公思亲罢宴》最为动人，写寇准为庆祝生辰，大摆宴席，铺张挥霍。府中一老婢忆起寇母当年含辛茹苦，俭朴持家，使寇准深受感动，遂撤去宴席。形象鲜明，发人深省。相传体仁阁大学士阮士在任浙江巡抚时，当时艺人演出此剧，他动了感情，自己也举行罢宴。

乾隆五十三年（1788），杨潮观去世，终年七十八岁。

（尤　伟）

李应升像

明末正直无私御史李应升

李应升（1593—1626），江苏江阴人。

　　李公讳应升，字仲达，号次见，江阴北㵲赤岸人，明末朝廷命官，东林党"后七君子"之一。他与在朝敢于直谏的正直官员一道，以国家兴盛为己任，冒死抨击朝政腐败，矛头指向奸佞邪党，遭阉臣魏忠贤及"东厂"党徒的迫害。他那种不畏权贵、气节凛然的高贵品质和爱国精神，为后人所敬仰。

　　李应升是江阴赤岸李氏第十五世孙，生于万历二十一年癸巳（1593）十一月二十八日。娶钱氏，常熟庠生遵道女，子一，逊之。公从小聪颖机敏，读书过目不忘。万历四十三年乙卯（1615）乡试登榜，次年会试中进士第五名。万历四十五年（1617）四月，以第三甲出任江西南康府推官（司理）。到任后即决断积案六百余件，为江九五等十九名无辜者平反。他为官清廉，严以律己，在当地树立了极好形象。民以"前林后李，清和无比"来赞美他。林为晋江林学曾，以清慎著称。天启三年（1623）二月，李应升晋升为福建道监察御史。

　　天启四年（1624），李应升入西台，负责管理朝廷章奏。此间，也正值阉党揽权横行之时，明王朝处在"天崩地陷"时代（《顾季时行状》）。"公入台班，则忠贤燎原之日"（《缪昌期李应升列传》，以下简称《列传》），因其善写文章奏本，又与时任左都御史高攀龙交往密切，常在一起商议国事大政。"凡属国家大政，必就商榷，有大奏议，必托其代劳草章"，仅在十个月内，李应升起草十五件揭发抨击魏忠贤及其党徒罪行的疏状。

　　"公连章切谏"（《忠毅公墓志铭》）上疏，要求取消阉党使用"立枷"（重三百斤，用刑数日即死，死者六七十人）酷刑。上疏外番、内盗及小人三患，讽议饥切阉党，因此也就触及奸党最痛处。时年三十二岁年轻御史李应升，在西台已有名望，受到同僚的尊重，但也为奸党所忌恨，"畏其笔锋"。他面对权倾朝野的魏忠贤而不惧，"每入朝上殿，中涓为之侧目，会逆党擅权"（《列传》）。朝臣杨涟，列东厂太监魏忠贤二十四大罪状，皇帝不予纳，

三朝野紀卷之一

江上遺民李遜之輯

泰昌朝

光宗貞皇帝為神廟長子母孝靖王太后萬曆十年壬午八月十有一日生二十九年十月立為皇太子孝靖故宮人也神廟一日索水盥手孝靖奉匜以進遂御幸為賞頭百一副既而諱之孝有娠神廟偶侍慈聖太后宴言及其事神廟諱曰無之故事聖躬有所私幸必有賜賚隨侍文書房內

反以罪诛杨涟。李应升不仅不怕,反又密草列阉党十六罪欲上奏,被其兄应昇发现,将疏状销毁。应升很不高兴地说,兄不能拿走我腹中之稿,可以再写。抨击奸党的决心始终不改。在殿上,应升从袖中拿出弹文,"持论侃侃,听者吐舌,以为祸且不测,初拟廷杖一百,赖首辅韩爌救免,仅夺俸"(《列传》)。他为高攀龙代写《劾崔呈秀疏》。工部主事曹钦程,以贪著名,应升上疏条陈其罪行,曹遂对应升恨入骨。于是密告崔呈秀,说高攀龙之疏状是李应升所写。呈秀害怕,连夜上门,长跪乞求应升免疏,应升正色拒之,崔含怒而去。魏忠贤祸国殃民的罪行,激起正直朝臣的强烈反对。李应升力谏皇上"忠贤一日不去,则陛下一日不安"。于是,魏忠贤把李应升、高攀龙、周顺昌、缪昌期等一批人列为邪党,并趁机矫旨杀戮。党徒魏广微阴谋廷杖毙李应升,遭蒲州韩公反对,力持罚俸一年。天启五年(1625),工部主事、贪官曹钦程疏论应升"专为东林护法,疏中屡作含沙隐语"(《列传》)。阉党趁机将李应升削职归里。应升归,足不入城,筑"落落斋",终日闭户静修,读书其中。虽如此,但他仍不忘关心国事。适闻魏大中被逮,应升泣告亲友,转贷百金赠之。与高攀龙书信云:"见六君子之惨酷,不免恻恻,废著心如悬旌矣。"

天启六年(1626)因前应天府巡抚周起元冤案牵连,高攀龙、周顺昌、李应升同时被批捕。魏党奸贼扼杀忠良之贼心不死。苏州知府派人到江阴李应升家报信,要他暂避,不去京城。李应升却谢绝说:"忠臣不怕死,怕死不忠臣。"行前,应升慷慨就道,士民执香送者以万计,儿童妇女闻之无不流涕。应升伯父如一,执其手曰:"勉之,李氏有人矣!"父亲鹏翀抚其背曰:"行矣!国有忠臣,我有孝子矣。"李氏一门忠良,天地可鉴。

被羁京都狱中后,应升受尽酷刑拷打,每上刑,公都"大呼二祖列宗",对明王朝的忠心至死不变。天启六年闰六月初三日,狱吏残暴杀害应升于狱中,应升年仅三十四岁。三日后,应昇获噩耗,前去收殓,"其尸骨肉断烂"。

初,应升父鹏翀,与吴县洞庭山人朱凤翔为莫逆之交,应升也与其结为挚友。应升被逮,凤翔即破产挥千金,尾舟北上进京,为救应升,置风险于不顾,千方百计周旋。应升死后,家道中落,凤翔将江阴两顷田产予以资助,其好义如此,吴人至今诵焉。

崇祯元年(1628),东林后人黄宗羲、周茂兰、李逊之上章讼冤。朝廷"钦定逆案",东林党人得以平反昭雪。李应升"诏复官,赠太仆寺卿,谥忠毅,给三代诰命,荫子入国学"。

应升公在身陷囹圄的日子里,其子逊之年仅九岁,应升公常常牵挂,放心不下。天启丙寅(1626)四月十五日,他亲书《诫子书》留于逊之,最后一次尽到父亲教子育子的责任。书中表述他在短暂一生中的做人为人之道和充满痛子爱子的父爱之意。"吾一死以报朝廷,吾居官爱名节,未尝贪取肥家",以自身的大节和品质让逊之得到感悟。书中还以较多的笔墨教育逊之,在生活方面"此宜俭以惜福",在待人方面"此宜谦以守身",对待老人祖父母和母亲方面,"此宜孝以事亲",并要求逊之今后"做一读书秀才"。

天启之祸,对李逊之的家庭来说,无疑是从天而降的一场灾难,在其年幼的心灵中,可谓刻骨铭心。逊之牢记父亲之教诲,并授父意草有"寄语儿曹焚笔砚,好将犁犊听黄鹂"之句。自后的生涯中,他"耕读传家",读书二十年,筑轩命名,赋诗见志,以终其身。崇祯元年,蒙皇恩入国学读书,他不赴,绝意仕进。《三朝野记》是李逊之的著作。内容历叙泰昌、天启、崇祯三朝的史实,是一部很翔实的明季党争史。

(李煜章)

香摩他堂曲叢傳奇之屬
粲花別墅五種

療妒羹

據雨衡堂本校印

吴炳《疗妒羹》书影

民族英雄吴炳

吴炳（1595—1648），江苏宜兴人。

吴炳，字可先，号石渠、粲花主人，戏曲作家。他出生在一个世代官宦的家庭里，其父吴晋明是明代南京太常寺典簿。十二岁时，一天吴晋明回家时不见儿子出来迎接，吃饭时才知道他到城中游玩去了，非常生气。第二天，准备了一桌酒菜，要儿子上座。吴炳虽小，礼数是懂得的，当然不敢坐下，但却拗不过父亲。父亲又给他斟上一杯酒，对他说："为父小时候没认真读书，现在只做了典簿这样的小官，要看人的脸色，受人家的侮辱。你可不能像你父亲，要励志上进。"吴炳大哭着跑上楼去，自此以后，不再贪玩。十六岁中秀才，二十二岁中举人，二十五岁中进士。当了湖北蒲圻县令后，减轻了百姓徭戍，平反了多起冤狱，平均了田赋。三十岁因为政绩卓著晋升为工部都水司主事，主持采石浚县，禁止对病残的石工进行杀戮，用工资来代替徭戍，改善了石工待遇。这个时候，他开始进行戏曲创作。三十三岁升清吏司郎中。三十五岁任福州知府。到任不久，发生了贵族子弟陈况考场作弊案。吴炳正要严惩，福建巡抚熊文灿出面说情，被拒绝。陈况家又送来三千两银子，吴炳责令拿回。由于官场腐败黑暗，吴炳乃辞官回家。

吴炳隐居在宜兴五桥庄家中，创作了《绿牡丹》《西园记》《画中人》《情邮记》《疗妒羹》五个剧本，用书斋"粲花斋"命名为《粲花别墅五种》，亦称《石渠五种曲》。

清兵入关后，吴炳又出任南明永历王朝的浙江盐运司、吉安知府、江西提学副使。先后追随弘光帝、隆武帝、绍武帝，任礼部尚书兼东阁大学士，坚决抗清。后不幸被俘，清廷再三劝他投降任职，他作"荒山谁与收枯骨，明月长留照短缨"诗以明志，拒不降清，在湖南衡州绝食而死。后来宜兴人民在西庙巷建立了"忠节祠"，纪念这位民族英雄。

（于铸梁）

余治《活佛图》书影

余治无意功名醉心创作

余治（1809—1874），江苏无锡人。

在清代，无锡的余治是较有影响的戏曲作家之一。他字翼廷，号莲村、晦斋，又号寄云山人。自幼攻读诗书，他因为一再科场失意，屡试不第，遂无意功名，转向著述，尤其醉心于剧本写作。虽面广量大，创作了大量优秀的作品；如《得一录》《活佛图》等。但也有糟粕之作，如《教化两大敌论》和《劫海回澜说》两部，情节还算生动，可都存有浓厚的封建道德及迷信思想，这是受时代的限制，今天阅读应该有所甄别。

（尤 伟）

雜劇三集序

造化氤氳之氣分陰分陽貞淫
各出其貞氣所感則爲忠孝節
烈之事其淫氣所感則爲放蕩
邪慝之事二氣並行宇宙間光

邹式金《杂剧三集》书影

戏曲作家邹式金

邹式金（1595—1677），江苏无锡人。

我国真正的戏剧，起始于宋代的戏文，到元代有杂剧，以后逐渐发展。明清时期，无锡较有名气的戏曲作家，主要有邹式金、邹兑金、嵇永仁、杨潮观、余治和郑瑜等人。

邹式金，字仲惜，号木石，又号香眉居士。崇祯六年（1633）中举，崇祯十三年（1640）中进士，历任南京户部主事、郎中以及福建泉州知府等职。清顺治二年（1645），明皇族朱聿键在福建被立为隆武帝，进行反清斗争，邹式金尽力支持。次年反清失败，朱聿键被俘致死，邹式金潜回无锡故乡，在众香庵隐居了三十年。他喜爱戏剧，自小跟邹迪光学音律，作杂剧多种，合为《杂剧新编》，以《风流冢》最佳。他的胞弟邹兑金，比他早三年中举人。邹兑金为人急公好义。他有一次去北京参加会试，路经镇江金山，看到狂风翻船，便拿出路费重赏抢救者。结果救出十一人，但自己已腰无川资，只得返回故乡。从此，他再未参加科举，一心写作。邹兑金所著杂剧《空堂话》，最为著名。

（尤　伟）

陈圆圆像

红颜薄命陈圆圆

陈圆圆（1623—1695），江苏苏州人。

陈圆圆，又名沅，字畹芬。原姓邢，因出生不久母亲就去世，由姨母领养。姨父姓陈，便改姓为陈。

她生来蕙心纨质，淡秀天然，有着一副好嗓子，并工声律。养父母爱若掌上明珠，欲与之配个文人秀士。当时有个书生名叫冒襄，出身文学世家，幼秉家学，后游学于董其昌之门，诗书文画件件皆能，尤擅古文，名满天下。养父便央媒说亲，冒襄欣然同意，便把亲事定下。谁料就在佳期前几天，国丈田弘为崇祯帝选美，将她北载去京。当时崇祯帝因江山危在旦夕，忧心如焚，哪有心思"瞥睹倾城好颜色"，所以陈圆圆并未陪伴君王，只在国丈府里学音乐舞蹈当歌妓，常在宴会时为宾客表演。

崇祯十六年（1643），李自成农民起义军打到北京附近，国丈田弘将陈圆圆献给辽东总兵、平西伯吴三桂做妾，求得保护。吴三桂得了陈圆圆，便留恋京城不思归，崇祯帝一连下了几道手谕，不得已才返回山海关，让她仍留居北京。吴三桂刚走不久，李自成便攻进北京，崇祯帝吊死煤山。李自成部将刘宗敏强占了陈圆圆，吴三桂大怒，便降清并引清兵入关，李自成败退撤出北京。吴三桂被封平西王，后来在一小村中找到了陈圆圆，她只淡淡地对他说："可惜你已不是昔日大明王朝的山海关总兵，而是清王朝的平西王了。"虽然跟随吴三桂到了云南，但感情已非昔日可比。

有一种说法是：不久，陈圆圆看破红尘，出家做了女道士，改名寂静，字玉庵，在宏觉庵中找到了归宿。康熙十七年（1678）秋天，吴三桂兵败病死在衡州（今衡阳），消息传来，陈圆圆冷静地说：他不过是一个表面逞强、心地险诈、反复无常的小人，在我的心目中，吴三桂早就死了。

（于铸梁）

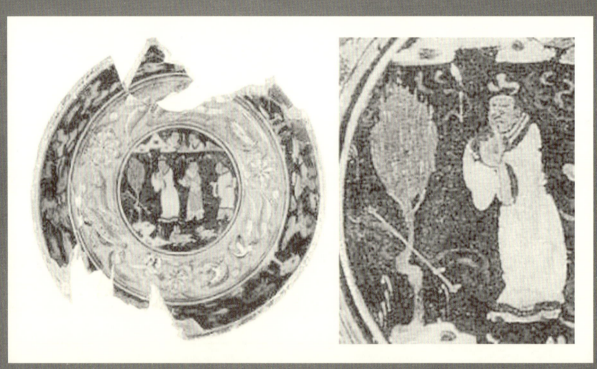

季札挂剑漆画

季札高风

季札（约公元前520年前后），受封延陵（今江苏武进）。

泰伯的品德十分高尚。他不愿世代相传王位，宁愿不结婚，没有儿子，死后由二弟仲雍受王位。以后父业子受，季简、叔达、周章代代相继。这时，周武王（姬发）打败了纣王，夺取了商朝天下。他寻找泰伯、仲雍的后代，找到了周章，封周章为诸侯国吴伯。王位传到第十九世的寿梦，他有诸樊、馀祭、馀眜、季札四个儿子。

寿梦对长子说："我想传位季札，你不要忘掉我的话。"诸樊应诺："周太王要传位给姬昌，是废长立少，使王道兴盛。现在要季札当国君，我愿意去耕作。"寿梦很放心，死后由诸樊暂任国王，办完丧事后便对季札说："父亲知道你很有德行，病危时还念念不忘要你当国王，主张废长立少。我已答应，现在你应该接位。"季札非常贤明，他继承泰伯的"三让天下"遗风，说："礼有旧制，奈何废前王之礼，而行父子之私乎？"坚决不从，躲避到舜柯山去种田。诸樊封他到延陵（今武进），号"延陵季子"。后来诸樊去讨伐楚国，不幸中箭。在临终时又叮嘱二弟馀祭一定要传位给季札。季札还是不受，说："富贵对我来说，犹如秋风吹过而已。"

季札的品德高尚，才华出众，是一位杰出的政治家和外交家。它曾经去北方的鲁、齐、郑、卫、晋等国访问，受到普遍尊敬。有一次，他到徐国访问，国君看中他的佩剑，季札心中有数，但要继续出访，不能赠剑。当他回程时，徐国国王已逝世，季札信守初心，就把佩剑挂在他的墓上。这"季札挂剑"，成了后世赞誉的佳话。季札死后，葬在延陵的申浦（今江阴申港）。孔子为他题了墓碑："呜呼，有吴延陵君子之墓。"

（尤 伟）

泰伯像

泰伯开基

泰伯（约公元前1070年前后），原籍陕西旬邑，后奔吴。

无锡是江南文化的发祥地，这要归功于泰伯。早在约3200年前，泰伯奔吴，到了梅里（今梅村），奠定了江南文化的基础。

对于泰伯奔吴，目前史学界还存在分歧意见。他们的主要观点是：从岐山到梅里，路远几千里，在交通不发达的古代是完全不可能的，历史上的"封泰伯于吴""封仲雍于虞"，吴是岐山以西，虞是岐山以东，就在陕西、山西一带。至于史载"泰伯奔吴"，到了梅里，那是一种"托以自重"的正统观念，为了提高和美化自己。这是一种纯理性的推断，要说泰伯就奔逃在岐山周部族的眼皮底下，奔它何用？

《史记》记载：泰伯是周原岐山人，泰伯的父亲周太王（古公亶父）在那里建有周国。周太王有三个儿子，小儿子季历的儿子姬昌很有才干。周太王认为他能继承王位，说："兴王业者，其在昌乎！"泰伯和仲雍两兄弟知道了父亲的意愿，不愿争夺王位，有意避让，便趁父亲生病时，佯言去衡山采药，逃到了梅里，他们尊重当地习俗，也"断发文身，衣土著之服"。周太王把王位传给季历，季历死后又传给儿子姬昌（周文王），泰伯对此始终谦让。孔子说："泰伯可谓至德矣！三以天下让，民无得而称焉（百姓无不称赞他的德行）。"

泰伯很得民心，在梅里建了"勾吴"古国。原来荆蛮之地只是捕鱼、打猎、种水稻、采野生植物，泰伯就传播黄河流域的先进生产经验和文化，教他们识字、养蚕、纺织，又发展陶瓷和冶炼青铜等手工业，他还兴修水利。相传至今尚存的"伯渎港"（原名泰伯渎），就是他最早带领百姓开凿的一条人工运河。他又在生活上改"半生为食"为"全熟为食"，改"搭棚为窝"为"建村立巷"。不几年，"黎民殷富"。那时兵事四起，他筑了"泰伯城"，用以防卫。

泰伯在位四十九年，死后葬在梅里东边的铁山（现鸿山）。东汉太守糜豹在他的旧宅建了庙。每逢年初九泰伯诞辰举行祭祀，后来庙毁，明代弘治年间重建。清代咸丰年间大殿烧毁，再重建。近几年拨款重修，并增加了二十八尊塑像。

（尤 伟）

顾宪成像

东林党人顾宪成

顾宪成（1550—1612），江苏无锡人。

明代末叶，发生了一起震动全国的东林党事件。东林党的讲学场所——东林书院，在无锡市东门，东林党的主要领袖顾宪成和高攀龙，都是无锡人。

顾宪成，泾里（今张泾）人，字叔时，号泾阳，人称"东林先生"。十多岁时，在壁上题句："读得孔书才是乐，纵居颜巷不为贫。"万历四年（1576）中解元，万历八年（1580）中进士，授户部主事、吏部员外郎等职。他为人正直廉正，因忤违神宗皇帝旨意，回到家乡无锡，在老家泾里讲学，弟子济济一堂。缪昌期、马世奇、钱士升、钱谦益等著名人士都是他的学生。万历三十二年（1604），他倡议并经官府批准修复东林书院。

东林书院原是北宋杨时所建。杨时为龙图阁直学士、理学家程颢的弟子，流寓在无锡，是一位著名学者。顾宪成恢复东林书院后，订立了宗旨、会约，提出了"博学之，审问之，慎思之，明辨之，笃行之"的主张，倡导学以致用。学人来自全国各地，不收学费，提供食宿。学习方式很灵活，以讲学讨论相结合，有问则问，有议则议，竭诚相见，虚怀以听。他们还把学人引向关心国事，讽议朝政，裁量人物，发现社会问题立即上书官府，要求办理。因而，学人云集，多至千人，倾动朝野，名闻全国。顾宪成、顾允成、高攀龙、安希范、刘元珍、叶茂才、钱一本、薛敷教被誉为"东林八君子"。

顾宪成等人议论朝政，抨击矿监、税监的掠夺，主张开发言路，改良政治，目的在挽救垂危的政治，遭到权贵的嫉视。万历三十八年（1610），内阁缺人，众力推举了户部尚书李三才。李三才与顾宪成相交密切，为人正直。但有人反对，引起满朝争议，相互攻击。这时，朝中党派斗争激烈，浙党、昆党、齐党、宣党、秦党、楚党、蜀党等，与阉党集团魏忠贤勾结，攻击东林党。天启五年（1625），因东林党人杨涟、左光斗弹劾魏忠贤，终因被捕而杀害，导致东林书院被毁，被杀害、革职、贬黜牵连的有一千多人，高攀龙投水自尽，已死的顾宪成也遭削夺赠官。直到崇祯皇帝即位，逮治了魏忠贤及其阉党人员，东林党才得以昭雪不白之冤。

（尤　伟）

讀史方輿紀要卷一

吳中顧祖禹景范著

歷代州域形勢一 唐虞三代 春秋戰國 秦

昔黃帝方制九州列爲萬國 周公職錄黃帝割地布九州漢志黃帝方制萬里畫野分州得百里之國萬區冀兗青徐揚荊豫梁雍九州顓帝所建通典亦云世紀顓帝所建帝嚳受之

或曰九州顓帝所建帝嚳受之王堯遭洪水天下分絕舜攝帝位命禹平水土以冀青地廣分冀東恒山之地爲并州 恒山在北直曲陽縣西北百四十里詳北直名山舜之并州今北直之眞定保定山西之太原大同等府皆是

顾祖禹矢志写方舆

顾祖禹（1631—1692），江苏无锡人。

清代有三大奇书：《历算全书》《读史方舆纪要》和《南北史合抄》。《读史方舆纪要》的作者，是无锡人顾祖禹。

顾祖禹，出生于明末崇祯四年（1631），祖居东乡廊下（今廊下），字景范、瑞五、复初。廊下附近有宛山荡，亦称"宛溪"。故称他"宛溪先生"。羊尖与常熟毗连，他的父亲顾柔谦（字刚中）招赘入常熟谭家，因而祖禹有时自称"常熟人"。中年，他迁居胶山（今安镇）。

顾祖禹出身于书香门第，他的高祖顾大栋是嘉靖年间的官员，对边疆地理很熟悉，曾和兵部尚书许伦一起撰著《九防图说》，父亲也是个有学问的人。祖禹受家学熏陶，自小刻苦好学，熟读了众多书籍。

清兵入关南下，时局混乱。祖禹随父亲隐居不仕，在常熟潜心读书。清顺治初年，他父亲临终时叮嘱他，要安于贫困，勤于读书，"掇拾遗言，网罗旧典，发抒志意，昭示来兹"。从此，他以明代遗民自居，更加奋发用功。

顺治八年（1651），他家贫困，年不足二十岁的顾祖禹便去当塾师，以菲薄束修养家糊口，同时还不忘勤奋好学。这正如在一副自撰联中所说的："早起鸟啼先；夜眠人静时。"

从顺治十六年（1659）起，他着手撰写《读史方舆纪要》。

康熙十二年（1673）到十五年（1676），云南平西王吴三桂、福建靖南王耿精忠、广西尚之信先后起兵反清，接着，贵州曹申吉、云南张国柱、广西孙延龄、四川罗森、襄阳杨来嘉、河北蔡禄、陕西王辅臣等上层人物，也陆续响应。这"三藩之乱"举朝震惊，上令部署镇压。顾祖禹毅然去福建投奔耿精忠，进行反清复明活动。途经江西，去寻访了削发为僧的著名文学家魏禧，并呈上《读史方舆纪要》初稿，要求审阅指点。魏禧看到他对全国山川形势了如指掌，大加赞赏，认为这是一本"数百千年所绝无仅有之书"，欣然为之作序。于是，两人结金石交，后来魏禧客死

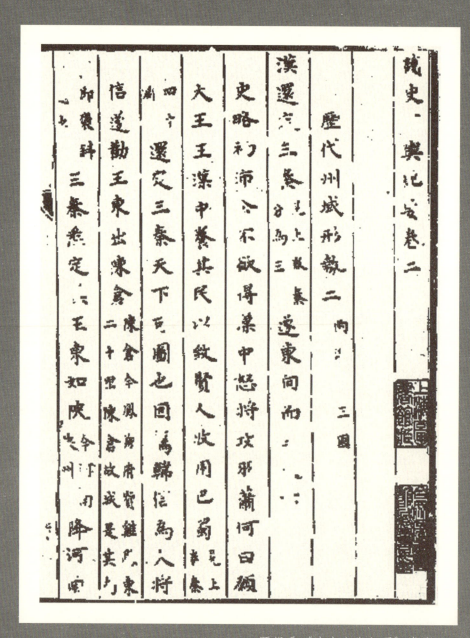

顾祖禹《读史方舆纪要》书影

芜湖，顾祖禹特地去吊丧。

顾祖禹在耿精忠部下当了一名幕府，康熙十五年耿精忠失败被俘，顾便悄然回到家乡。昆山籍刑部尚书徐乾学把他聘去当家庭垫师。徐家建有"传是楼"，藏书很多很出名，顾祖禹如鱼得水，天天阅读，充实知识。康熙二十六年（1687），徐乾学奉诏修纂《大清一统志》，把顾祖禹和太原阎若璩、常熟黄仪、德清胡渭聘去协助编志。这四人都精于地理，志同道合，真有相见恨晚之感。他们在工作之余，都埋头于传是楼的书堆中，后来各有专著问世。编志结束，顾祖禹谢绝署名，回家修改《读史方舆纪要》。

这部著作，顾祖禹历时三十多年，十易其稿，方始定稿。全书一百三十卷，其中有《历代州域形势》九卷、《南北直隶十三省》四卷、《川渎异同》六卷、《天文分野》一卷，并附《舆图要览》四卷。它经纬分明，评述详细，对各地山川险隘，攻守形势以及古今战事的成败得失，都有独特见解，是我国著名的历史地理和军事地理巨著。

康熙三十一年（1692），顾祖禹逝世，葬于安镇胶山，其墓碑上遵照他的生前叮嘱，刻着"处士顾祖禹之墓"，表示出他是明末遗民的遗志。

（尤　伟）

顾光旭书法

东林山长顾光旭

顾光旭（1731—1797），江苏无锡人。

　　顾光旭，字华阳，号晴沙、响泉。他自幼好学，练得一手书法，为秦淮海祠堂书写了《重修咏烈堂记》等。嘉庆年间他搜集历代无锡诗人作品，辑录成《梁溪诗钞》五十八卷，并著有《响泉集》三十卷、《清溪乐府》一卷。终因劳累多病，于嘉庆二年（1797）去世，葬在太湖边的独山门。

　　顾光旭二十一岁中进士，为官清廉，深得民心。乾隆三十三年（1768）出任宁夏知府，该地区十分贫瘠，他经常访贫问苦，救济百姓，并修浚水渠，改革农田水利。一年多后，调任平凉知府，又逢大旱，他挨户调查灾民，开仓发粮，并发动民众重建家园。乾隆三十七年（1772），在任四川按察使时，当地一批无业游民（"啯鲁子"）到处打家劫舍，扰得民心惶惶。顾光旭组织力量捕捉，严惩不贷，终于为民除害，社会安定。余党闻声股栗，纷纷自首悔过。全川叛乱，他奉命驻守卧龙关，过路军队无一骚扰生事。

　　乾隆四十一年（1776），顾光旭突然手足麻木，只得告病归乡。官民一路相送，留恋不舍；嘉定百姓还为他在坡仙楼建立生祠。病愈后，他在东林书院授课，并主持普济堂等慈善机构，购置棉衣救济贫民。他又主持修筑了学宫内明伦堂等一批建筑。乾隆四十四年（1779），顾光旭出任东林书院山长，自编讲义授课，十多年中培养了顾钰、安吉等大批人才。

（尤　伟）

峰巒景落空青裡
樓壁香生翠蔦間
梅華老人錢泳

钱泳书法

多才多艺的钱泳

钱泳（1759—1844），江苏无锡人。

清代中叶，无锡学者钱泳名噪一时。他工于汉隶，精于金石，擅长赋诗作画，是一位博学多才之士。他的碑刻、书画、著作，传世很多，价值较高。

钱泳初名鹤，字立群，号台仙，一号梅溪，乾隆二十四年（1759）出生于后宅，自小聪颖。父亲钱锦山是一位私塾教师，悉心教儿子攻古籍、练书法。钱泳进步很快，十四岁时在苏州得到一批汉魏碑刻的拓片，朝夕临摹；以后又受到工于书法和诗文的退职按察使金祖静（字定涛）的指导，书艺大进。十七岁时，他去考举人，但科场落第，谋了一个私塾书馆为生。

因为精于钻研金石碑刻，精于古籍，他结交了社会上一大批同好，经常切磋问难。乾隆五十一年（1786），钱泳被河南巡抚毕沅慕名聘入幕府。钱泳为之校勘著作的《中州金石记》，鉴品了一批书画和碑刻。当年，毕沅调任湖广总督，钱泳便回到苏州坐馆。乾隆五十六年（1791），他又受聘去绍兴编纂郡志。次年工作结束，去北方访古。他在山东济宁见到了一批知名的碑刻，又结识了乾隆十一子、成亲王永瑆。永瑆奉旨刻印《知诒晋斋帖》，钱泳上京为之刊定。他又勾勒和书写了一批碑版，广为流传到江浙等地，以后又传向邻近各国，于是名声大振。

钱泳也擅长水利，他七十岁时被南河河督张井聘去协助规划水利工程，提出了一套很有主见的建设性意见。后来，他又向上递呈了《速修三吴水利，以盈国赋，以益民田》的疏文，要求疏浚太湖支流，确保太湖周围的民田。八十岁时，他给松江府送去《七省海道全图》和《晏海水师》书籍，关心着祖国的水利建设。

钱泳交游甚广，一生结识了很多名士，如翁方纲、王昶、孙星衍、洪亮吉、章学诚、袁子随、包世臣等学者。他也访问了各地名碑石刻。他的著作很多，有《说文识小录》《守望新书》《履园丛话》《履园金石目》《述德编》《登楼杂记》《梅溪诗钞》《兰林集》《铁卷考》等三十多种。这些著作，对后人研究金石、文史、自然科学等有很好的参考价值。

道光二十四年（1844），钱泳逝世，寿高八十五岁。常熟体仁阁大学士翁心存为之作墓志铭。　　　　　　　　　（尤　伟）

倪瓒画作

画坛巨匠倪瓒

倪瓒（1301—1374），江苏无锡人。

无锡人文荟萃，古代十大画家就占了三位。他们是顾恺之、倪瓒、王绂。1961年，北京故宫博物院举行中国历代十大画家画展，展出了顾恺之的《洛神赋图》《列女仁智图（唐宋摹本）》，倪瓒的《山水树石图》，王绂的山水长卷。

元代画家倪瓒，他原名倪珽，字元镇、玄瑛，号云林。

倪瓒家在东乡祇陀里，今属东亭。出身豪富。他建有"清閟阁"，多藏名家书画和秘籍。但他不善理财，且有过人的洁癖，大量挥霍家产。他的厕所，居高而筑，下铺一层鹅毛，要不闻臭气，不见污迹。他的母亲生病，请来名医葛仙翁。因正逢下雨，葛仙翁满身雨水、泥渍，径直登上清閟阁。倪瓒从此废了这藏书楼，终身不再登阁。

倪瓒生活在元代末年，兵荒马乱，常常思念灭亡了的南宋。他不愿出仕，经常独坐扁舟，来往于五湖三江之间。投降元代的农民军领袖张士诚，有一个弟弟名张士信，要他作画，他说："我不为王公贵族作画，更不为金钱作画。"张士信大怒，把他抓去毒打了一顿。倪瓒一声不吭。有人问：你为啥不喊痛？他说：喊了痛，便俗了，也失去了人格！

四十八岁时，他开始信佛教，更养成了孤僻狷介的性格以及超凡脱俗的思想。由于对时局的人生的淡薄，他的画多平远山林，枯木淡竹。他主张抒写胸中逸气，不求形似。他与黄公望、吴镇、王蒙合称"元四家"。暮年，家贫如洗，寄居在江阴长泾的姻亲家，直到去世。

他的传世画作，有《六君子图》《渔庄秋霁图》《梧竹秀石图》《墨竹图》《虞山林壑图》等。诗文有《清閟阁集》，诗风清新典雅而超脱。

（尤 伟）

唐文治像

一代国学大师唐文治

唐文治（1865—1954），江苏太仓人。

唐文治，字颖侯，号蔚芝，晚号茹经。他出生在太仓一个书香门第人家，父亲唐若钦是恩贡生，因而自小就受到很好的家庭教育。十四岁读完《四书五经》，十六岁中秀才，十八岁中举人，二十七岁中进士，任户部江西司主事。光绪二十年（1894）中日甲午战争爆发，中国战败后，他上万言《请挽大局以维国运折》，要求革新政治，并针砭时弊，抨击权奸，严惩败类。军机处大臣翁同龢看到后很为赞赏，亲手抄录部分奏稿在同好中传阅。清廷未予采纳，唐文治痛惜地说："惜两行痛泪，无补时艰也。"唐文治的上书比康有为的"公车上书"早了半年。"公车上书"反对签订《马关条约》，他又写奏折，也主张"拒签辱国条约"，支持康有为的爱国行动。翁同龢、康有为等人锐意变法，唐文治观点一致，因而翁同龢延聘他为自己的曾孙课读。维新变法失败，翁同龢被革职发回原籍常熟，许多大臣不敢相送，唐文治却冒风险送行。

光绪二十七年（1901）冬，唐文治调任外务部榷算司主事。光绪二十八年（1902），《中葡界约》进行修订，葡萄牙政府要求将澳门附近的大孤、小孤等岛屿划入租借范围，清廷有关官员举棋不定，唐文治据理驳斥，终于使葡萄牙的无理要求没有得逞。

同年五月，唐文治以三等参赞身份随御国将军载振去英国伦敦，参加英王爱德华的加冕典礼，并到各处考察。在参观伦敦大藏书楼时，法国翻译微席叶挑衅地说："中国素称文明之国，现在先生来访，见到欧洲识字人多还是中国识字人多？"唐文治不加思索脱口而出："欧洲识字人固然多，然中国识字人贵在躬行实践。"那个翻译听了哑口无言，只好侧身离去。回国后，撰写《英轺日记》十二卷。后又历任商部侍郎、农工商部尚书等。

武昌起义爆发，唐文治与伍廷芳等人一起联合通电，要求宣统皇帝逊位。五四运动中，北洋军阀镇压爱国学生，他连续三次给大总统徐世昌通电，要求释放北京被捕学生。

唐文治曾访问过英、法、日、美、比等国，目睹他国的教育事业，萌发了教育救国的念头。光绪三十二年（1906）在农工商部左侍郎署理母病，他便脱离宦海，返乡从事教育事业。从光绪

唐文治像

三十三年（1907）八月开始，就任上海高等实业学堂（原名南洋公学，交通大学前身）监督（即校长），开设铁道、机电专科，聘请美国机电专家谢尔顿任教。后来又增设商船驾驶、铁路管理机械等专科，开设无线电试验室和开办机械、电机等校办工厂，使之逐渐成为多学科的大学，并选送优秀学生出国深造。在办工科学校中，唐文治还注重国文教学，以保国粹。

  1912年，侍父若钦公定居无锡。1920年，唐文治因眼病被迫辞去上海校长职务，回到无锡前西溪家中休养，欣然接受高践四聘请出任无锡中学校长职务。当年12月，浙江人施省之发起创办无锡国学专修馆，又聘请他任馆长，在无锡、上海、南京三处招生，报考者多达千人，而正取只有24名、备取6名。1921年国学专修馆从惠山之麓迁到学前街文庙的尊经阁，规模扩大，改名为"无锡国学专门学院"（简称"无锡国专"），1929年又改为"无锡国学专修学校"，和国立大学相同。重金聘请章太炎、钱穆、田汉、洪深、陈石遗等学者专家授课，学术空气浓厚，正如他撰写的校歌那样："五百载，名世生，道统继续在遗经。乾坤开阔，学说何纷纭！唯我中国，教化最文明，上自皇帝迄孔孟，先知先觉觉斯民。大道行，三代英，我辈责任讵敢轻？勉哉！勉哉！俭以养德，静以养心，建功立业，博古通今。为生民立命，为万世开太平。"唐文治就是按照这个思想，作为办学宗旨。

  无锡国专的课程，主要是古代书院的《四书五经》，也必修西洋文学史、教育学、逻辑学等现代社会科学课程，还兴建藏书二十多万卷的图书大楼，供学生开架阅读。

  中华人民共和国成立后，无锡国专改名"中国文学院"。

  唐文治在五十五岁时双目失明，仍亲自上台授课，全凭记忆，一些古文、诗词都能背诵如流。他唱诵古诗词，音色优美，被人称为"唐调"。

  唐文治为人清廉，从不接受他人馈赠，任无锡中学（今无锡市第三高级中学）校长都分文不取。

  1954年，唐文治以八十九岁高龄逝世。留有《茹经堂全集》四十多卷、《周易消息大义》五卷，此外还著有《孟子大义》《十三经提纲》《性理学大义》《紫阳学术发微》《阳明学术发微》等，可谓著作等身。

  如今，无锡太湖之滨宝界桥琴山北麓建有"唐文治先生纪念馆（茹经堂）"表达对一代国学大师崇高品德的纪念。门上"唐文治先生纪念馆"横匾为周谷城题，门额上"茹经堂"匾为陆定一书。子唐庆智、媳俞庆棠皆为著名教育家。

（尤　伟）

萧统像

萧统：一位博通众学的文人

萧统（501—531），江苏南兰陵（今江苏武进）人。

萧统，字世缵，又字德施，小字维摩，梁武帝长子。天监元年（502）即被立为太子，可惜没有等到即位就病逝，谥号昭明，世称昭明太子。

他笃信佛教，又是一位博通众学的文人，自小就遍读儒家经典，编选《昭明文选》时，召集了许多文学家一起工作，集思广益，收集图书三万多卷。他对刘勰"深爱接之"，从创作观点来说，他俩的主张基本相同。但在文学范围与作用方面，萧统的看法则与刘勰等人不同，他更注意到文学与非文学的界限，把"经书""子书"和历史著作划为非文学的范畴，不采进《文选》。然而，他又认为历史著作中的赞论和序述是各有文采之作，也能入选。同时，一些应用的公文，他也认为是文学的作品，被选入《文选》。他在《文选》序中说自己"监抚余闲，居多暇日。历观文囿，泛览辞林，未尝不心游目想，移晷忘倦"。对于当时盛行的那种内容空虚的艳体诗与文字游戏的咏物诗，他都一概不取。选入三十卷的《昭明文选》的作品，上自周代，下迄南朝梁武帝，大都属精粹之作，此书为我国最早一部汉族诗文总集，对后代文学很有影响，可惜原书已佚，今存《昭明太子集》，系后人所辑。

（于铸梁）

嵇永仁像

剧作家嵇永仁

嵇永仁（1637—1676），江苏无锡人。

嵇永仁就是文渊阁大学士嵇璜的祖父。他字匡侯、留山，号抱犊山农，工于书画、诗词。康熙十二年（1673），他为闽浙总督范承谟幕僚。是年冬天，靖南王耿精忠反叛，他和范承谟被俘不屈，在狱中以木炭在墙上题诗作画，与范承谟遥相唱和。康熙十五年（1676），他听到范承谟遇害便自杀。

嵇永仁好写剧本，著有杂剧《续离骚》（包括《刘国师教习扯淡歌》《杜秀才痛哭泥神庙》《痴和尚街头笑布袋》《愤司马梦里骂阎罗》）以及传奇剧本《扬州梦》《珊瑚鞭》《双报应》。他的剧作大都写当时社会和自己在狱中的遭遇，流露了真实的情绪。

（尤　伟）

嵇璜像

治水大家嵇曾筠、嵇璜父子

嵇曾筠（1674—?），江苏无锡人。
嵇璜（1711—1794），江苏无锡人。

1966年前，无锡学前街北侧有一座巨大的"人伦坊表"石碑坊，这是无锡嵇氏门庭受到皇帝恩宠的象征，1966年"破四旧"时被摧毁。

嵇氏是无锡的望族，世居城中束带河畔（今学前街东段一带）。清康熙十三年（1674），靖南王耿精忠反清，福建总督范承谟和他的幕僚嵇永仁被俘不屈，康熙十五年（1676）遇难。二十三岁的嵇永仁妻子杨氏，抚养年幼的儿子嵇曾筠，含辛茹苦二十年。为此，乾隆二年（1737）赐建"人伦坊表坊"。嵇曾筠长大后，中康熙进士，历任佥都御史、江南河道副总河、河东河道总督、吏部尚书、兵部尚书、浙江总督等职。他善于水利，治理黄河、淮河及浙江沿海有功，以"引河杀险"、建造河坝闻名，故有"嵇坝"的称誉。

嵇璜，字尚佐，号黻庭，晚号拙修。他二十岁中雍正进士，仕途畅达，历任翰林院侍读学士、都察院右佥部御史、礼部尚书、工部尚书、文渊阁大学士等职。此人继承父业，善于疏流泄水。乾隆九年（1744），奉命视察黄河，提出开河引流方案，皇帝大加赞赏。乾隆十八年（1753）阳武、铜山两处黄河决口，淮河也大水泛滥，他提呈《宣防八事》奏疏，主张从八个方面治理水流，并且参加了工程建设，取得很大成绩。次年，在修筑高堰、高涧时，提出改进方案，节约了许多材料和费用。乾隆四十六年（1781），黄河青龙岗段决口，他在实地视察后，主张将河水北流，返回山东故道。但朝廷一班人认为，黄河经下游河道入海已有百年历史，而且山东地势高于江南，不能轻易改道，经大小官员讨论后还是迟迟延搁。结果，于咸丰五年（1855），铜瓦厢段大决口，使万千生命财产毁于一旦，而黄河河水自动返回了山东故道。

嵇璜和乾隆皇帝同庚，因才干出众，屡建功绩，几度随驾南巡，并和乾隆时常赋诗唱和。他也多次受到皇帝的赐诗、赐匾、赐联。在八十寿辰时恰逢中进士六十周年，皇帝特准他赴琼林宴，并赐诗说："同庚待我归政后，南北应同林下居。"他几次请求致仕归乡，都未获准，直到年老体衰方回到故乡无锡。回乡不久逝世，享年八十三岁。皇帝谕赐重葬，墓在嶂山铜坑坞。　（尤　伟）

裘廷梁像

老报人裘廷梁

裘廷梁（1857—1943），江苏无锡人。

据现有资料表明，江苏省最早的报纸是《无锡白话报》。这张报纸的可贵之处，一是创刊时间早，二是采用了白话文，三是较早鼓吹社会改革。

《无锡白话报》创刊于清光绪二十四年闰三月廿一（1898年5月11日），当时全国报纸寥寥无几，社会上普遍流行文言文，而裘廷梁积极响应康有为、梁启超推行的维新变法运动，以白话办报，介绍西方科学知识，主张改革时弊，以开发民智，启迪愚昧。

裘廷梁，字葆良，晚年改名可桴。光绪十八年（1892）举人，年轻时两次会试不第后绝意仕途，转向研究西方各国的政治，致力于宣传民众，开通民智。光绪二十四年国内爆发了一场惊心动魄的维新变法运动，年过不惑的裘廷梁和二十七岁的侄女裘毓芳，创办了《无锡白话报》，报馆就设在城中沙巷9号自己的家中，并聘请了当地文化名流顾述之、吴荫阶、汪赞卿、尤惜阴等协助编辑。据现有资料说明，该报早于《苏州白话报》《杭州白话报》《扬子江白话报》等问世。它的内容不同凡响，很有新意。它以达到"谈新述古，务撷其精，闲涉诙谐，以博其趣"为目的。

裘廷梁明确地宣称："无古今中外，变法必自空谈始。故今日中国将变未变之际，以扩张报务为第一义。"他的白话报分为三大类，"一演古，曰经曰史，取其足以扶翼孔教者，取其与西事相发明者。二演今，取中外名人撰述之已译已刻者，取泰西小说之有隽理者。三演报，取中外近事，取西政西艺，取外人论说之足以药石我者"。他认定变法是当时中国摆脱民族危机，走向进步的唯一出路，要宣传学习西方，必须人人阅报，只有提倡白话，办一张平易畅达的白话报纸，才能使"民智大开"。所以，他说"白话为维新之本"。

这张白话报，书刊式，用木活字、毛边纸印刷，线装32开本，每期10多页。他办了4期，觉得报名的"无锡"二字不妥，读者会以为"专为无锡而设"，所以从第5期开始改成《中国官音白话

无锡白话报序

卒無所用今夫一國之政猶一家也名田幾何頃義田幾何廠邱舍幾何區食用幾何數非件件析枚敷明示諸人而欲爲之謀者有以較量其生理殽豈有當哉雖然以其說告之謀國者率不應也若廣譯洋表以形之使知空言篤議之無所用而自彊之源必由於實算庶幾其信之歟曠鄉曲之愚駿其可以鄙夷者至不識數而極矣以謀人家國者而顧不知此也可不大哀哉此吾所以有無窮之思也

古者經世之書乃其經制之述義與菁逵者異矣當世諸大國於其舉國出入之會計非特取已出者布其綱目宣示國人而已又必預計來歲之用眾議而後決之然則舉國罔不習知國家之庶政乃至儲蓄度支之數而得公籌其得失法至善也陳君欲究當世之迹患其韉之不可得見因閱世之賢智臚於口說而縣於徵實者其辭深至抑非申子卑卑施於名實之比也

無錫白話報序

無錫裘廷梁家穡

無古今中外變法必自空談始故今日中國將變未變之際以擴張報務爲第一義閱報之多寡與愛力之多寡有正比例與阻力之多寡有反比例甲午以後報章當行惟日報撮拾細碎牢不變前式披沙揀金百才一二外此旬報月報七日報皆當代通人主持報務痛哭流涕大聲疾呼天下感動然毎期銷報最多者萬四千册而

报》，并将两期合为一本，每月出3期。共出版了26期，于当年的9月26日休刊。看来这和维新变法运动在这一年的9月21日失败有关。

《无锡白话报》的内容很丰富，有无锡新闻、中外纪闻、五大洲邮电杂录、海外奇闻、海国丛谈、上谕恭注等专栏。裘毓芳还以"梅侣女史"的笔名，撰写了《海外妙喻》《泰西新史揽要》《化学启蒙》《女诫注释》《俄皇彼得变法记》《日本变法记》《印度记》等稿件。

辛亥革命后，他被推举为锡金军政分府民政部长。几天以后，因不合心意，他辞职住到上海，不再过问政界事务。

他有四个子女，儿子名昌运、铁心、劭恒。1943年12月8日，裘廷梁逝世于上海。

（尤　伟）

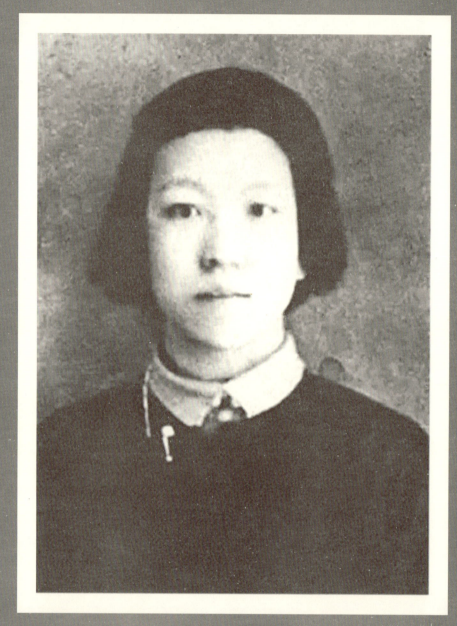

裘毓芳像

第一女报人裘毓芳

裘毓芳（1871—1904），江苏无锡人。

裘毓芳，名梅侣，笔名梅侣女史。她是裘廷梁的侄女，被新闻界前辈戈公振誉为"我国报界之有女子，当以裘女士为第一人"（戈公振《中国报学史》）。

裘毓芳的父亲裘蕴山是四品黄堂（知府），科举出身，所以她深受其父的影响，五岁能背诵唐诗数百首，七岁和胞兄裘昌年（著名书法家）从师秦老夫子，十一岁就学于堂叔裘廷梁，精通文史，熟谙国学和英语，被誉为"才女"。

裘廷梁与梁启超、严复稔熟，极力主张以白话为维新之本，她受堂叔的影响，在光绪二十三年（1897）就以白话撰写了《格致启蒙》《女诫注释》两书，文笔出众，才华横溢。次年裘廷梁创办《无锡白话报》，她就主持编务工作，每期报纸上都有她的作品，最多时一期亲撰稿件三四篇，在"无锡新闻""海国丛谈""海外奇闻"等专栏中发表。她撰写的《日本变法记》《化学启蒙》《印度记》以及译介李提摩太的《俄皇彼得变法记》，为维新变法运动制造舆论。她的《哥伦布探新洲纪略》《富兰克令探北极》《蒙哥马克探地》《麦哲伦探地》等文章，传播了西方科学知识，启迪愚昧。

光绪二十四年六月初六（1898年7月24日）她参加了在上海出版的女学会机关报《女学报》（旬刊），任主笔。该报的主笔大都是维新派中大声呐喊的妇女先锋，如康有为的女儿、澳门《知新报》编译康同薇，梁启超的夫人李惠仙，还有廖佩琼、孙蕴华、丁素清、周远香等人。她们的主张是争取女权，实现男女平等，在舆论上鼓吹维新变法。

后来报纸相继停刊，裘毓芳郁郁寡欢，跟随做幕僚的丈夫杨宗石去了安徽，于光绪三十年（1904）夏天，不幸患霍乱去世，年仅三十三岁。

（尤　伟）

苏州虎丘剑池，传说阖闾墓道就在水下

阖闾拓疆

阖闾（约前537—前496），春秋吴国人。

吴国王位传到了馀眜的儿子姬僚，称吴王僚。这位君主恃勇而骄横，军民怨恨。诸樊的长子姬光不服，他认为王位应该由季札接任，既然季札不愿，该由自己即位，轮不到族弟姬僚。于是，他通过伍子胥招募勇士专诸，伺机行刺。

专诸，堂邑（今六合西北）人，是伍子胥从楚国逃到吴国时遇到的。传说那时，他正与人争斗，被妻子一喊而放手。伍子胥问他原因，他说："夫屈一人之下，必伸万人之上。"此人长相奇特，"确（瘦削）颡而深目，虎膺（胸）而熊背"。他被推荐给姬光以后，去太湖边学习了三个月的烧鱼技术。楚平王十三年（公元前516），吴王僚派他的两位弟弟盖馀和烛庸去打楚国，被楚国发兵堵住后路。姬光看到吴王僚国内兵士空虚，夺位时机成熟，便邀请吴王僚赴宴。饮酒到酣畅的时候，他推说脚痛而躲入内室。专诸赤裸着身子，托鱼上殿，吴王僚看到色香味俱全的大鱼馋涎欲滴。专诸趁其不备，从鱼肚中抽出短剑，猛刺吴王僚，直透铁甲。吴王僚当即死亡，卫士乱刀杀死专诸，姬光带领伏兵一涌而出，尽杀卫士。后人在无锡大娄巷建有"专诸塔"，纪念这位勇士，"文化大革命"中塔被拆毁。

姬光夺得王位，改称"阖闾"。阖闾很有才干，善于用人，其中突出的有伍子胥、孙武和要离、干将、莫邪等人。他任命伍子胥为行人（外交官），伯嚭为大夫，孙武抓军事，依靠这些文武将才和勇士、名匠，创造了伟大的业绩。

不久，他分兵扰乱楚国，即派部队打夷国（今即墨西），侵犯潜国（今临汝西南）、六国（今六安）。当楚国出兵去救潜国时，他们立即撤走，去打弦国（今潢川）；楚军去时，又撤走，累得楚军精疲力竭。后来，阖闾灭掉了徐国，去攻打越国，联合了蔡、唐的兵力打楚国，五战五捷。

阖闾不满足"勾吴"的小小疆域，对伍子胥说："我国僻远，顾在东南之地，险阻润湿，又有江海之害，君无守御，民无所依。

吴王光（阖闾）戈

仓库不设，田畴不垦，为之奈何？"伍子胥回答："凡欲安君治民，兴霸成王，从近制远者，必先立城郭，设守备，实仓廪，治兵库，斯则其术也！"阖闾授权给伍子胥，造了大城与小城两座，大城即苏州城，小城在今无锡市郊区胡埭镇湖山村和常州武进区雪堰桥城里村境内，至今还留有土城和点将台等遗址，并出土了不少春秋时的兵器和陶片。阖闾为发展吴国立下了辉煌业绩，成了一代强盛君主。

但阖闾好大喜功，在一次吴越交战中负伤而死，传位给儿子夫差。

（尤　伟）

薛福辰像

妙手回春薛福辰

薛福辰（1832—1889），江苏无锡人。

薛福辰，字振美，号抚屏，是薛福成之兄。幼承家学，七岁能文，稍长通古博今，尤精岐黄之术。道光三十年（1850）中秀才，咸丰五年（1855）中第二名举人。咸丰八年（1858）父薛湘病故，举丧其哀。咸丰十年（1860）太平军攻入无锡，他携母、弟避居宝应。后入李鸿章幕府，授候补知府。在山东期间，黄河决口，巡抚丁宝桢让他去治理黄河水患，任时一个半月，根治水患，因功调任候补道员，补山东济东泰武临道。光绪六年（1880）慈禧太后患重症，诸医束手，时薛福辰由广东雷琼道调任督粮道，李鸿章、曾国荃保荐他去宫内替太后治病，因而未去赴任。和山西阳曲知县汪守正、常州名医马培之一同于同年六月二十三日入宫诊治。

薛福辰用药与众不同，很快慈禧病情好转，光绪八年（1882）竟痊愈。因治病有功，加赏一品顶戴，调补直隶通永道，慈禧还亲书"福"字和"职业修明"匾额赐之，同时赐紫蟒袍及玉钩带，赐宴体元殿，听戏长春宫。光绪十二年（1886），擢升顺天府尹，翌年冬调宗人府丞，又一年授都察院左副都御史。就在这一年薛福辰不幸中风，于光绪十五年（1889）夏告老还乡。慈禧赐"寿"字匾额及联"敬谨身修葵向日；光明心事月当天。""人游霁月光风表；家在廉泉让水间。"同年七月病殁于无锡学前街。御赐白银五百两治丧。

（于铸梁）

薛福成像

匡世奇才薛福成

薛福成（1838—1894），江苏无锡人。

清代后期，无锡历史上出了一位闻名国内外的思想家、外交家和文学家——薛福成。

薛福成，字叔耘，号庸庵，父亲薛湘是朝廷命官，任浔州知府。他十七岁中举人，不久当工部员外郎。19世纪60年代，太平军挥戈苏锡常一带时，他家避乱到了苏北宝应。同治四年（1865），两江总督曾国藩招纳贤才，榜文贴到宝应，薛福成呈上一篇万言书——《上曾侯书》，提出了广垦田、兴屯政、治捻寇、澄吏治、厚民生、筹海防、挽时变的对策。曾国藩对此十分欣赏，立即招他入幕府。当幕僚七年，薛福成提出了许多变革主张和革除时弊的对策。他和张裕钊、吴汝纶、黎庶昌成了"曾门四弟子"。朝廷赏赐给他五品官服，加知府衔。薛福成钦使第这时，国难深重，民不聊生。沙俄侵占中国新疆伊犁，宰割东北；法国蚕食越南、觊觎我西南边疆，日本吞并琉球，直逼台湾；英美也心怀叵测。薛福成向朝廷呈了一份《应诏陈育疏》，提出了一套救国救民之策，震动了京城。直隶总管李鸿章立即征召他，使之成为北洋戎幕的智囊人物。他和李鸿章志趣相投，执笔书写了不少重要的奏疏、咨札、书信。他撰写的一份《筹洋刍议》，被印发给各级官员和国外使馆。

薛福成名声大振，皇帝授予宁绍台道职务，赴宁波上任。不久，中法战争开始，法国远征号舰队封锁我国闽江口，偷袭马尾岛。薛福成巧用计谋，狠狠予以回击，使远征号惨败，头目孤拔负伤而死，我国取得全面胜利。

光绪十五年（1889）薛福成调任英、法、意、比四国钦差大臣。频繁的外事活动，使他眼界大开，认识到外国列强不足恃，但我国应当改革制度，自强于世界之林。他提出了节制人口增长、组织华工出洋、发展私营民族资本主义企业以及在侨民聚居之地增设领事等一系列的有益主张。他还签订了《续议滇湎界务商务条款》，保护国家利益，迫使西方承认中国的合法要求，提高了我

无锡薛福成故居门楼

国国际威望。

  清光绪二十年（1894），薛福成任期已满，离任回国。不幸因路途劳累，染上疾病。在船抵上海后便病倒，于七月二十一日去世，享年五十六岁。他的家在无锡西溪河畔，有"钦使第"住宅，其著作有《庸庵全集》《庸庵笔记》《庸庵别集》《西轺日知录》等。

（尤 伟）